Casa de Oração

volume 4

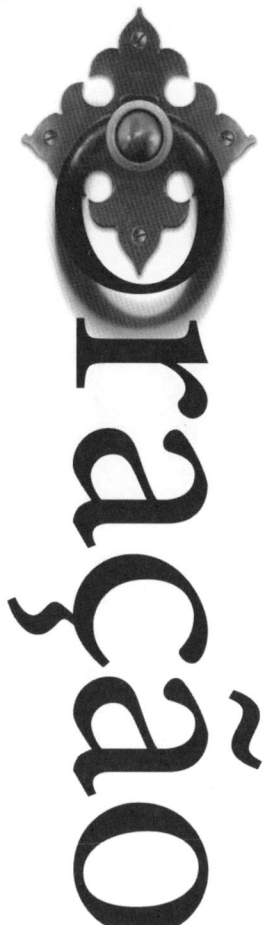

LANCE LAMBERT

volume 4

O CHAMADO
À INTERCESSÃO

Casa de Oração

série contemporâneos

© 2012 Editora dos Clássicos
Publicado no Brasil com a devida autorização
e todos os direitos reservados por Publicações Pão Diário
em coedição com Editora dos Clássicos.

Traduzido do original em inglês:
My House Shall Be A House of Prayer, de Lance Lambert
Copyright © 2011 Christian Testimony Ministry
Richmond, Virginia (EUA)

Edição: Gerson Lima
Tradução: Helio Kirchheim
Revisão: Paulo César de Oliveira
Coordenação editorial: Gerson Lima
Diagramação: Editora Tribo da Ilha
Capa: Wesley Mendonça

Dados Internacionais de Catalogação na Publicação (CIP)

LAMBERT, Lance.
Casa de Oração – Volume 4: O Chamado à Intercessão
Tradução: Helio Kirchheim
Curitiba/PR, Publicações Pão Diário e São Paulo/SP, Editora dos Clássicos.

1. Oração   2. Deus (Cristianismo)   3. Adoração e amor

Proibida a reprodução total ou parcial, sem prévia autorização, por escrito, da editora.
Todos os direitos reservados e protegidos pela Lei 9.610, de 19/02/1998.
Permissão para reprodução: permissao@paodiario.com

Publicações Pão Diário
Caixa Postal 4190,
82501-970 Curitiba/PR, Brasil
publicacoes@paodiario.org
www.publicacoespaodiario.com.br
Telefone: (41) 3257-4028

Editora dos Clássicos
www.editoradosclassicos.com.br
contato@editoradosclassicos.com.br
Telefones: (19) 3217-7089
(19) 3389-1368

Código: QT353
ISBN: 978-65-5350-009-9

1.ª impressão: 2021

Impresso no Brasil

SUMÁRIO

Prefácio, 7

Capítulo 11
O Chamado à Intercessão, 9
Capítulo 12
O Desafio e o Custo da Intercessão Corporativa, 53
Capítulo 13
Algumas Experiências de Intercessão, 85

Os textos das referências bíblicas foram extraídos da versão Almeida Revista e Atualizada, 2ª edição (Sociedade Bíblica do Brasil), salvo quando houver outra indicação.

Quando não houver outra indicação, as notas de rodapé e os acréscimos entre colchetes são da edição brasileira.

PREFÁCIO AO VOLUME 4

Neste último volume, Lance Lambert nos alerta fortemente sobre os desafios do tempo do fim e os inevitáveis juízos de Deus que cairão sobre este mundo. "O último livro da Bíblia, o Apocalipse", diz ele, "(...) descreve alguns dos juízos mais severos que existem na Palavra de Deus", e eles estão às portas.

Segundo o autor, diante das condições da Igreja de Deus em nossos dias, quando muitos ainda são bebês espirituais, e dos conflitos, confusões e abalos que acontecem em todas as nações, estamos avançando a passos largos para dentro desse tempo de juízo.

No entanto, ele ressalta que as épocas de grandes mudanças e tumultos têm sido sempre excelentes oportunidades para o Espírito Santo avançar Sua obra e trazer os não salvos para o Senhor.

Com base sólida na Palavra, ele nos adverte a perceber que assim como o juízo de Deus caiu sobre Israel porque *não havia ninguém que tapasse o muro e se colocasse na brecha perante o Senhor* (Ez 22.30-31), assim é em nosso tempo; o caos é inevitável quando não há intercessores.

Lance aponta a raiz do problema com acurado discernimento e ampla experiência: "A intercessão é um termômetro por meio do qual a saúde de qualquer igreja ou obra pode ser aferida! Se não há intercessão, é evidência de que o Senhor está do lado de fora".

Ele nos convence de que o chamamento do Senhor para sermos intercessores se dirige a todo crente, homem ou mulher, jovem ou idoso, sem exceção. "Nunca houve uma situação na história em que a intercessão corporativa fosse mais necessária e essencial do que a presente época."

Lance conclui esta obra com toques de ouro: o exemplo da consagração de George Matheson e as experiências apresentadas no fim do livro são de grande encorajamento para nos lançarmos à intercessão.

Muitos cristãos não sabem qual é a vontade de Deus para sua vida nem como servi-lO. Possamos, de fato, ouvi-lO nos chamando, acima de tudo, à intercessão para o cumprimento do Seu propósito eterno.

Gerson Lima
2 de março de 2021
Monte Mor, SP

 CASA DE ORAÇÃO

CAPÍTULO **11**

O CHAMADO À INTERCESSÃO

1 Timóteo 2.1-4 — Antes de tudo, pois, exorto que se use a prática de súplicas, orações, intercessões, ações de graças, em favor de todos os homens, em favor dos reis e de todos os que se acham investidos de autoridade, para que vivamos vida tranquila e mansa, com toda piedade e respeito. Isto é bom e aceitável diante de Deus, nosso Salvador, o qual deseja que todos os homens sejam salvos e cheguem ao pleno conhecimento da verdade.

Ezequiel 22.30-31 — Busquei entre eles um homem que tapasse o muro e se colocasse na brecha perante mim, a favor desta terra, para que eu não a destruísse; mas a ninguém achei. Por isso, eu derramei sobre eles a minha indignação, com o fogo do meu furor os consumi;

fiz cair-lhes sobre a cabeça o castigo do seu procedimento, diz o Senhor *Deus.*

Ezequiel 18.23 — Acaso, tenho eu prazer na morte do perverso? – diz o Senhor *Deus; não desejo eu, antes, que ele se converta dos seus caminhos e viva?*

Ezequiel 18.32 — Porque não tenho prazer na morte de ninguém, diz o Senhor *Deus. Portanto, convertei-vos e vivei.*

Ezequiel 33.11a — Dize-lhes: Tão certo como eu vivo, diz o Senhor *Deus, não tenho prazer na morte do perverso, mas em que o perverso se converta do seu caminho e viva. Convertei-vos, convertei-vos dos vossos maus caminhos...*

O juízo é um dos maiores temas da Palavra de Deus. Esse tema do juízo divino se inicia em Gênesis e termina em Apocalipse. Mesmo uma leitura superficial da Bíblia nos conduzirá a essa conclusão. É claro, há outros grandes temas. Em qualquer lugar que abrirmos os 66 livros da Bíblia descobriremos Cristo no centro e na periferia do eterno propósito de Deus – o amor e a misericórdia de Deus, a graça salvadora de Deus, os redimidos, o eterno propósito de Deus, a casa de Deus e muitos outros temas.

É falso o pensamento de que a graça de Deus não se encontra no Antigo Testamento, mas apenas no

Novo. A graça de Deus se encontra tanto no Antigo como no Novo Testamento. Da mesma forma, muitas vezes se diz que o juízo de Deus está confinado ao Antigo Testamento. O último livro da Bíblia, o Apocalipse, ou a Revelação de Jesus Cristo, destrói essa teoria, pois ele descreve alguns dos juízos mais severos que existem na Palavra de Deus.

O apóstolo João escreveu: "Porque a lei foi dada por intermédio de Moisés; a graça e a verdade vieram por meio de Jesus Cristo" (Jo 1.17). Alguns pregadores e mestres declaram que os 39 livros da Antiga Aliança tratam apenas da lei e de juízos severos, e somente nos 27 livros da Nova Aliança se encontram a graça e a verdade. Na realidade, todos os livros do Antigo Testamento apontam para Jesus, o Messias, pois por meio de tipos e figuras descobrimos a graça e a verdade, que se encontram n'Ele e por meio d'Ele somente. Ninguém jamais foi salvo por meio do sangue de touros, de bodes ou de cordeiros, mas unicamente por causa do sacrifício que eles prefiguravam, a obra consumada do Messias. Todos esses meios prefiguravam o Senhor Jesus.

O Messias Jesus, como a graça e a verdade de Deus, encontra-se em todo lugar nos 66 livros da

Bíblia. Mesmo a Lei de Moisés "nos serviu de aio para nos conduzir a Cristo, a fim de que fôssemos justificados por fé" (Gl 3.24). Em outras palavras, tudo o que existe no Antigo Testamento apontava para o fato de que toda a graça e toda a verdade estão centradas n'Ele. No Novo Testamento, aquilo que estava prefigurado no Antigo Testamento tornou-se um glorioso fato no Messias.

O JUÍZO DE DEUS

Por toda a Bíblia o juízo de Deus sobre toda a iniquidade, perversidade, pecado e mal é pronunciado de forma clara e dogmática. Onde quer que haja o mal e o pecado, é inevitável o juízo de Deus; e isso em qualquer nível – quer internacional, nacional, local ou pessoal. Não pode haver amor ou misericórdia da parte de Deus sem o juízo sobre a iniquidade e o pecado. O trono do Todo-poderoso não é corrupto. Ele não faz vistas grossas ao mal simplesmente porque isso Lhe convém e aos Seus planos.

Quando chegamos ao livro do Apocalipse, descobrimos alguns dos juízos mais graves registrados na Palavra de Deus, derramados sobre este mundo. Por essa razão, muitos cristãos ficam relutantes em ler esse livro. Antes que o reino de Deus se manifeste de forma pública, antes que venha o novo céu e a nova terra, antes que a Nova Jerusalém desça do céu, antes que os santos do Altíssimo tomem posse do reino para sempre, cairão sobre todas as nações da Terra os mais severos juízos da Bíblia. O juízo final do grande trono branco acontecerá antes de cumprir-se e completar-se o eterno propósito de Deus. Diante do grande trono branco toda a história será julgada, tudo o que estava errado será consertado e tudo o que é perverso e falso será julgado e colocado de lado (veja Apocalipse 20.11). De tudo isso entendemos um fato simples: que o juízo de Deus é um princípio fundamental.

SERÁ QUE DEUS TEM PRAZER NO JUÍZO?

É totalmente errônea a ideia de que Deus sente prazer no juízo ou que Ele Se agrada muito em exercer Seu julgamento. É verdade que o Senhor sente prazer em destruir a iniquidade e o mal e em removê-los do universo. Afinal, o pecado e a iniquidade trazem a miséria, a escuridão e a corrupção sobre todos. Contudo, é uma caricatura do caráter de Deus que

O representa como alguém que se agrada em exercer juízo sobre a humanidade. A Sua Palavra afirma claramente que Ele não Se agrada em fazer mal ou em destruir os seres humanos. Tome, por exemplo, aquilo que o Senhor declara por meio do profeta Ezequiel: "Acaso, tenho eu prazer na morte do perverso? – diz o Senhor Deus; não desejo eu, antes, que ele se converta dos seus caminhos e viva?". E outra vez: "Porque não tenho prazer na morte de ninguém, diz o Senhor Deus. Portanto, convertei-vos e vivei". E mais uma vez: "Tão certo como eu vivo, diz o Senhor Deus, não tenho prazer na morte do perverso, mas em que o perverso se converta do seu caminho e viva. Convertei-vos, convertei-vos dos vossos maus caminhos" (Ez 18.23, 32; 33.11). Essas palavras foram dirigidas à casa de Israel, mas revelam uma lei universal de Deus: o Senhor deseja mais a salvação e a libertação do que o juízo, a destruição e a morte.

A NECESSIDADE DE INTERCESSÃO EM MOMENTOS DE TUMULTO E DE JUÍZO DA PARTE DE DEUS

À medida que avançamos para o fim da era da história mundial antes da volta do Senhor, o juízo sobre as nações se tornará universal. A Palavra de Deus, em muitos lugares, fala do conflito e do tumulto do fim da história. Somos informados de que haverá sinais no sol, na lua, nas estrelas e um abalo de tudo aquilo que pode ser abalado tanto nos céus como na Terra. Não será algo apenas político, econômico, financeiro e social, mas também espiritual. Mesmo a constituição física do planeta será abalada – as estações, as marés, o nível do mar e o clima serão todos afetados.

A respeito do fim dos tempos, o Senhor Jesus declarou: "Haverá sinais no sol, na lua e nas estrelas; sobre a terra, angústia entre as nações em perplexidade por causa do bramido do mar e das ondas; haverá homens que desmaiarão de terror e pela expectativa das coisas que sobrevirão ao mundo; pois os poderes dos céus serão abalados. Então, se verá o Filho do Homem vindo numa nuvem, com poder e grande glória. Ora, ao começarem estas coisas a suceder, exultai e erguei a vossa cabeça; porque a vossa redenção se aproxima" (Lc 21.25-28).

Parece-nos que já estamos entrando nessa época. Se isso é verdade, precisamos ouvir o chamado de Deus à intercessão. Assim como já dissemos anteriormente, o Senhor não Se agrada do juízo, nem tem nisso o Seu prazer. Ele anela a salvação de todos os que O invocam. Precisamos aprender a interceder no meio do tumulto, do conflito e da guerra.

Nessas condições citadas, há muitas áreas em que a intercessão é vital e essencial. Se os corações dos homens e das mulheres estão desmaiando de medo, faz-se necessária a intercessão pela sua salvação e libertação. As portas do inferno que os estão mantendo cativos e debaixo do medo precisam ser destrancadas, de forma que os cativos possam ser libertados. O apóstolo Pedro, citando o profeta Joel, proclamou: "O sol se converterá em trevas, e a lua, em sangue, antes que venha o grande e glorioso Dia do Senhor. E acontecerá que todo aquele que invocar o nome do Senhor será salvo" (At 2.20-21). Em outras palavras, tudo pode cair aos pedaços, e a vida normal pode ter sido perturbada, mas *todo aquele que invocar o nome do Senhor será salvo*. Haverá uma preciosa colheita de almas até o fim. Contudo, elas precisam conhecer o nome do Senhor Jesus; eis a razão da necessidade de evangelizar de uma forma ou de outra. Esse é o chamado de Deus à intercessão.

O CHAMADO DE DEUS À INTERCESSÃO

Paulo recomendou com insistência aos cristãos: "*Antes de tudo*, pois, exorto que se use a prática de súplicas, orações, intercessões, ações de graças, *em favor de todos os homens, em favor dos reis e de todos os que se acham investidos de autoridade*, para que vivamos vida tranquila e mansa, com toda piedade e respeito. *Isto é bom e aceitável diante de Deus, nosso Salvador*, o qual deseja que todos os homens sejam salvos e cheguem ao pleno conhecimento da verdade" (1 Tm 2.1-4 – ênfases acrescentadas).

Em primeiro lugar, devemos notar que o apóstolo via a oração da Igreja como algo absolutamente essencial – *antes de tudo*. Em segundo lugar, essa oração deve ser *em favor de todos os homens*, não apenas em favor dos santos. Em terceiro lugar, a Igreja deve orar *em favor dos reis e de todos os que se acham investidos de autoridade*. Por último, devemos notar bem que a prática desse tipo de oração é algo *bom e aceitável diante de Deus, nosso Salvador*.

Quando Paulo escreveu a respeito da oração e intercessão em favor dos reis e de todos os que se acham investidos de autoridade, ele obviamente não queria dizer que orássemos apenas pelas autoridades e pelos reis que são filhos de Deus. Muitos reis e pessoas que ocupavam posição de autoridade nos dias de Paulo não apenas não eram salvos, mas muitos deles eram injustos, corruptos, ditadores tiranos e nutriam um ódio amargo contra os cristãos e contra o Evangelho. Esses homens faziam tudo o que estava ao seu alcance para frustrar o avanço do Evangelho.

Não é que Paulo estava nos recomendando que oremos pela política, mas que devemos orar por condições em que o Evangelho possa ser pregado, em que a obra do Senhor possa avançar, em que a Igreja de Deus possa ser edificada, o Seu eterno propósito possa ser compreendido e a Sua obra em nossa vida possa ser realizada. Ele explica por que devemos orar pelos líderes políticos e por aqueles que estão no governo: *para que vivamos vida tranquila e mansa, com toda piedade e respeito*. Depois ele continua dizendo que Deus *deseja que todos os homens sejam salvos e cheguem ao pleno conhecimento da verdade*. É esse tipo de ministério de oração que é bom e aceitável diante de Deus.

Quem, senão a verdadeira Igreja de Deus, pode estar aqui na Terra e ao mesmo tempo estar nos lugares celestiais em Cristo? Unida ao Messias Jesus entronizado à mão direita de Deus, ela intercede para que a vontade de Deus seja feita assim na Terra como ela é feita no céu. Essa é a expressão da vontade do Cabeça que está no céu, por meio do Seu corpo que está aqui na Terra! Esse é o chamado de Deus à intercessão.

A NECESSIDADE DE INTERCESSORES QUE SE COLOQUEM NA BRECHA DIANTE DELE

O Senhor exclamou através do profeta Ezequiel: "Busquei entre eles um homem que tapasse o muro e se colocasse na brecha perante mim, a favor desta terra, para que eu não a destruísse; mas a ninguém achei. Por isso, eu derramei sobre eles a minha indignação, com o fogo do meu furor os consumi; fiz cair-lhes sobre a cabeça o castigo do seu procedimento, diz o SENHOR Deus" (Ez 22.30-31). Devemos notar que o juízo de Deus caiu sobre Israel porque não havia nenhum filho de Deus que *tapasse o muro e se colocasse na brecha perante mim*. É incrível que a destruição da terra tivesse vindo pelo fato de que não havia nenhum intercessor. Foi o próprio Senhor que declarou esse fato, e não poderia haver nada mais claro do que isso! O juízo havia sido decretado, e não havia ninguém que se pusesse na brecha para interceder.

Essas palavras do Senhor nos colocam face a face com a necessidade da intercessão. Mesmo quando o juízo é inevitável por causa do pecado e da iniquidade de uma nação e da sua terra, a intercessão pode fazer com que inúmeros homens e mulheres não salvos se voltem ao Senhor. Se não houver intercessores na brecha, o juízo virá, e com força total.

As épocas de grandes mudanças e tumultos têm sido sempre grandes oportunidades para o Espírito Santo trazer os não salvos para o Senhor. Não devemos abater-nos ou desesperar-nos com os eventos dos últimos tempos da história mundial. Como já escrevemos repetidamente, tudo aquilo que pode ser abalado sofrerá abalo, "para que as coisas que não são abaladas permaneçam. Por isso, recebendo nós um reino inabalável, retenhamos a graça, pela qual sirvamos a Deus de modo agradável, com reverência e santo temor" (Hb 12.27b-28). É o Rei que é inabalável; por isso Seu trono, Seu governo e Sua vontade também são inabaláveis. Não há nenhuma razão para ficarmos deprimidos, a não ser que o nosso tesouro se encontre nesta Terra. Em vez disso, podemos experimentar, no meio de todo esse abalo e tumulto, a graça de Deus, por meio da qual podemos servir a Deus de forma agradável.

AS CARACTERÍSTICAS DE CINCO VERDADEIROS INTERCESSORES

Na Palavra de Deus há muitas descrições de intercessores que se puseram na brecha. Eles atenderam ao chamado de Deus para interceder. Mencionaremos apenas cinco deles – Abraão, Moisés, Neemias, Esdras e Paulo. Há mais um, Jonas, que nunca intercedeu, mas de cuja vida e ministério nós aprendemos muito a respeito da necessidade da intercessão. De fato, ele escreveu a sua própria história, de maneira que compreendemos o chamado divino à intercessão. De todos esses homens nós aprendemos as características espirituais que o Senhor procura nos intercessores.

Abraão e o juízo sobre Sodoma e Gomorra

O juízo de Deus sobre Sodoma e Gomorra e a intercessão de Abraão nos revelam aquilo que temos chamado de lei universal de Deus. Ele sempre deseja a salvação e a libertação, em vez de juízo, destruição e morte. A iniquidade e o pecado de Sodoma e Gomorra eram tão grandes que Deus decidiu executar um juízo sumário e completo. A catástrofe que sobreveio àquelas duas cidades foi total e completa. O local em que estavam as duas cidades era um dos lugares mais férteis de toda a região; e foi por essa razão que Ló as escolheu. O juízo sobre elas foi tão grande, que até hoje essa região é uma área totalmente estéril em Israel.

O Senhor e dois anjos participaram de uma refeição com Abraão e Sara. Eles estavam quase partindo, quando o Senhor disse: "Ocultarei a Abraão o que estou para fazer, visto que Abraão certamente virá a ser uma grande e poderosa nação, e nele serão benditas todas as nações da terra?" (Gn 18.17-18). O Senhor, então, revelou a Abraão a Sua vontade com respeito a Sodoma e Gomorra, as cidades da planície. Ele havia decidido executar um juízo completo.

Aquilo que se seguiu foi extraordinário: o Senhor e Abraão começaram a negociar! A questão levantada por Abraão era se o Senhor destruiria aquelas cidades se nelas houvesse cinquenta pessoas justas. O Senhor declarou que, se ali houvesse cinquenta justos, Ele não consumiria as cidades. Lentamente, Abraão foi diminuindo o número, até chegar a apenas dez. Parece que não havia nem mesmo dez pessoas justas nas cidades da planície. É pena que Abraão não diminuiu para cinco, mas na verdade não havia nem mesmo cinco justos! O juízo de Deus, por essa razão, era inevitável. Dessa catástrofe toda, somente quatro pessoas foram salvas, e uma delas, a mulher de Ló, foi transformada em uma estátua de sal quando olhou para trás.

Não devemos ser irreverentes, mas me parece que, quando o Senhor revelou a Sua vontade a Abraão, Ele tinha certo brilho no olhar. Ele já sabia desde o começo exatamente quantos justos havia naquelas cidades. Por que, então, Ele prosseguiu em toda aquela negociação? Sem dúvida estava testando a espécie de caráter que Abraão tinha! O Senhor não desejava exercer juízo sobre aquelas cidades, e se houvesse apenas dez pessoas justas ali, a catástrofe não teria sobrevindo a elas. Na verdade, o Senhor teria tido misericórdia daquelas cidades se houvesse apenas cinco justos. O que esse evento nos revela é que Abraão possuía a mesma atitude de coração que o próprio Senhor tinha. Ele demonstrou o caráter espiritual que o Senhor requer em um intercessor.

Dessa descrição compreendemos que o Senhor não se alegra no juízo e espera que um intercessor implore por misericórdia. Ele fará qualquer coisa para desviar o juízo; daí a importância decisiva da intercessão. O intercessor precisa colocar-se na brecha diante do Senhor.

Moisés e os filhos rebeldes de Israel

Outra ilustração dessa lei universal de Deus são Moisés e os filhos rebeldes de Israel. Eles estavam continuamente murmurando contra o Senhor e rebelando-se contra Ele. O pecado deles atingiu o clímax quando fizeram um bezerro de ouro fundido e o adoraram. O Senhor ficou irado e disse a Moisés: "Tenho visto este povo, e eis que é povo de dura cerviz. Agora, pois, deixa-me, para que se acenda contra eles o meu furor, e eu os consuma; e de ti farei uma grande nação" (Êx 32.9-10). Assim como aconteceu com Abraão, também foi com Moisés: o Senhor o estava testando. Se houvesse qualquer egocentrismo em Moisés, mesmo só um pouquinho, o pensamento de que ele poderia tornar-se pai de uma nova nação teria tido sobre ele uma poderosa influência. Em vez disso, ele suplicou ao Senhor:

"Por que se acende, Senhor, a tua ira contra o teu povo, que tiraste da terra do Egito com grande fortaleza e poderosa mão? Por que hão de dizer os egípcios: Com maus intentos os tirou, para matá-los nos montes e para consumi-los da face da terra? Torna-te do furor da tua ira e arrepende-te deste mal contra o teu povo. Lembra-te de Abraão, de Isaque e de Israel, teus servos, aos quais por ti mesmo tens jurado e lhes disseste: Multiplicarei a vossa descendência como as estrelas do céu, e toda esta terra de que tenho falado, dá-la-ei à vossa descendência, para que a possuam por herança eternamente" (Êx 32.11-13).

Será que destruir os filhos de Israel era verdadeiramente a vontade do Senhor ou Ele estava testando Moisés? Devemos notar como Moisés discerniu a verdadeira vontade de Deus em sua intercessão. Ele relembra ao Senhor os seus antepassados – Abraão, Isaque, Israel – e a aliança e a promessa que Deus lhes tinha feito. Outro ponto que ele destaca na sua intercessão é que os filhos de Israel eram o testemunho do Senhor diante dos egípcios. Se o Senhor os abandonasse e os destruísse, não teria mais sentido nenhum o testemunho que eles deram da libertação do Egito. Se eles fossem destruídos no deserto, qual teria sido a razão de terem sido libertos do Egito? A demonstração do poder salvador de Deus e dos milagres que os egípcios testemunharam se tornariam totalmente nulos!

É mais admirável ainda que, poucos dias depois, Moisés intercede outra vez, dizendo: "Ora, o povo cometeu grande pecado, fazendo para si deuses de ouro.

Agora, pois, perdoa-lhe o pecado; ou, se não, risca-me, peço-te, do livro que escreveste" (Êx 32.31-32). Deve ter sido uma alegria enorme para o Senhor ver em Moisés o Seu próprio caráter. Moisés estava disposto a ser esquecido, se com isso o Senhor perdoasse os filhos de Israel. Isso é verdadeira intercessão. Ele estava intercedendo pelos filhos de Israel, por causa da pecaminosidade e maldade que justificavam o juízo de Deus sobre eles. Na sua intercessão, ele estava tão identificado com eles, que estava pronto a ser apagado para que eles pudessem ser salvos. Com essa atitude, Moisés prenunciou a mente de Cristo, que Se humilhou até a morte, e morte de cruz, para que nós, pecadores, pudéssemos ser salvos!

Aprendemos da intercessão de Moisés uma lição suprema: a nossa vida precisa ser abandonada se queremos interceder de fato. O Senhor sabia exatamente o que estava fazendo quando disse a Moisés: *de ti farei uma grande nação*. Se em Moisés houvesse qualquer vida própria não quebrantada, ele poderia ter respondido muito favoravelmente a essa sugestão! O fato de Moisés ter desistido da sua vida foi o terreno de onde o Espírito Santo produziu seu caráter espiritual. Esse caráter expressou-se na maneira em que ele estava pronto a ser excluído, desde que o povo de Deus fosse perdoado. Aprendemos mais uma lição: *aparentemente*, a vontade do Senhor era destruir os filhos de Israel. Contudo, isso não era verdade. Moisés reconheceu a fidelidade de Deus. Era o Senhor que estava provando Moisés para ver se ele tinha pleno entendimento a respeito da aliança que Ele fizera com Abraão, Isaque e Jacó. Moisés discerniu a real vontade de Deus e com isso mostrou quão perto estava do coração de Deus.

A intercessão de Esdras e de Neemias

Esses dois grandes santos de Deus são outra ilustração da intercessão. A cidade de Jerusalém encontrava-se devastada. Os muros tinham sido derrubados, as portas tinham sido consumidas pelo fogo, a casa do Senhor estava em ruínas e a condição do povo não era melhor do que a situação da própria cidade. Não havia respeito nem obediência à Palavra de Deus. Esdras e Neemias depararam-se com uma situação quase impossível. O obstáculo diante deles era gigantesco e complexo. Além disso, havia aqueles que faziam tudo para interromper a reconstrução da casa de Deus, a reconstrução de Jerusalém e dos seus muros e a restauração da Palavra de Deus em sua plenitude.

Aqui reconhecemos a mão do Senhor por meio de Daniel. O Senhor tinha conduzido Daniel à mais alta posição do império, abaixo somente do próprio imperador, e Ele o capacitou a proteger o programa de reconstrução e da plena recuperação da Palavra de Deus. Ele não retornou com os fiéis, mas permaneceu na Pérsia para supervisionar o retorno dos judeus.

O Senhor também reuniu uma série de homens fiéis, que deram apoio a Esdras e a Neemias: Zorobabel, o governador; o profeta Ageu; o profeta Zacarias; Josué, o sumo sacerdote; e outros.

A intercessão de Esdras e de Neemias foi absolutamente essencial para essa obra. O registro da intercessão de Esdras está em Esdras 9.5-15. Aqui está uma parte dela:

"... levantei-me da minha humilhação, com as vestes e o manto já rasgados, me pus de joelhos, estendi as mãos para o SENHOR, meu Deus, e disse: Meu Deus! Estou confuso e envergonhado, para levantar a ti a face, meu Deus, porque as nossas iniquidades se multiplicaram sobre a nossa cabeça, e a nossa culpa cresceu até aos céus. Desde os dias de nossos pais até hoje, estamos em grande culpa e, por causa das nossas iniquidades, fomos entregues, nós, os nossos reis e os nossos sacerdotes, nas mãos dos reis de outras terras e sujeitos à espada, ao cativeiro, ao roubo e à ignomínia, como hoje se vê".

Isso revela um comprometimento total com o Senhor e uma devoção para com o propósito de Deus. A maneira como Esdras orou é semelhante à maneira como Daniel orou. Ele não intercede como se fosse bom e justo e o resto do povo fosse pecador e infiel. Ele ora como se tivesse pecado tão profunda e plenamente como todos o tinham feito. Isso nos revela a característica essencial que se requer de um intercessor. Esdras identificou-se com todo o povo que havia pecado e se havia desviado do Senhor, e que se opusera à Sua Palavra. Era como se ele tivesse liderado o povo em seu pecado e em sua apostasia. Daniel apresentou exatamente o mesmo espírito e atitude. Aqui chegamos ao âmago da intercessão genuína.

O registro da intercessão de Neemias encontra-se em Neemias 1.1-11. Aqui temos uma parte dessa intercessão:

"... assentei-me, e chorei, e lamentei por alguns dias; e estive jejuando e orando perante o Deus dos céus. E disse: ah! SENHOR, Deus dos céus, Deus grande e temível, que guardas a aliança e a misericórdia para com aqueles que te amam e guardam os teus mandamentos! (...) faço confissão pelos pecados dos filhos de Israel, os quais temos cometido contra ti; pois eu e a casa de meu pai temos pecado. Temos procedido de todo corruptamente contra ti, não temos guardado os mandamentos, nem os estatutos, nem os juízos que ordenaste...".

A intercessão de Neemias o consumiu – espírito, alma e corpo. Ele estava tão comprometido com o Senhor, que isso ficou estampado no seu rosto e no seu corpo. Ele era copeiro do rei Artaxerxes, e o rei percebeu que havia algo errado com ele. O rei perguntou: "Por que está triste o teu rosto, se não estás doente? Tem de ser tristeza do coração" (Ne 2.2). Dessa conversa com o rei resultou o decreto referente à reconstrução de Jerusalém e dos seus muros. Vemos, na intercessão de Neemias, que ele entendeu a vontade do Senhor de reconstruir Jerusalém. A sua intercessão resultou no cumprimento da vontade de Deus com respeito a esse assunto. Jerusalém foi completamente reconstruída – a casa do Senhor, a cidade, os muros e os seus portões. De tudo isso nós identificamos dois fatores básicos existentes na intercessão genuína. O primeiro é que nós precisamos nos identificar completamente com o povo por quem intercedemos. Não são "eles" que pecaram, e sim "nós".

O segundo é que na intercessão intensa e persistente existe muita "tristeza de coração". Vemos isso no apóstolo Paulo quando ele menciona a incessante dor e tristeza do seu coração. Será que pode haver intercessão verdadeira sem essa tristeza e persistência? Neemias disse: "... assentei-me, e chorei, e lamentei por alguns dias..." (Ne 1.4). E de Esdras é dito: "... Esdras orava e fazia confissão, chorando prostrado diante da Casa de Deus..." (Ed 10.1a). Esse tipo de intercessão não consiste em palavras vazias; ela move o ser inteiro e consome totalmente a pessoa. Esses dois fatores são essenciais na intercessão genuína. Nisso reconhecemos, uma vez mais, a característica dos intercessores.

A intercessão do apóstolo Paulo

O apóstolo Paulo é outra ilustração da intercessão genuína e do caráter espiritual que Deus deseja no intercessor. Estas são as palavras que ele usou na sua carta aos cristãos de Roma: "Em Cristo digo a verdade, não minto (dando-me testemunho a minha consciência no Espírito Santo): tenho grande tristeza e contínua dor no meu coração. Porque eu mesmo poderia desejar ser separado de Cristo, por amor de meus irmãos, que são meus parentes segundo a carne; que são israelitas..." (Rm 9.1-4a – Almeida Revista e Corrigida).

Esse encargo que Paulo continuamente carregava em favor de Israel e do povo judeu não é um tipo de encargo de oração superficial e banal; era algo que consumia seu ser. É importante notar a maneira como ele começa o assunto: "Em Cristo digo a verdade, não minto (dando-me testemunho a minha consciência no Espírito Santo)".

É evidente que ele queria que os crentes de Roma entendessem que esse encargo era verdadeiro. Ele não estava simplesmente usando palavras sem sentido! Ele chegou ao ponto de escrever: *eu mesmo poderia desejar ser separado de Cristo*. Essas palavras são inacreditáveis! Ele estava pronto a ser amaldiçoado e separado do Messias em favor da salvação do povo judeu. Esse tipo de intercessão custosa é muito rara. Quem dera que se encontrasse nos cristãos esse mesmo espírito intenso e persistente em favor de Israel e do povo judeu como o que se encontrava no apóstolo Paulo. A enorme amargura existente entre a Igreja e o povo judeu, que já resultou em tanto derramamento de sangue e tristeza, teria sido removida por meio desse tipo de intercessão.

Paulo, na sua intercessão, revelou o mesmo tipo de coração que o Senhor buscou em Abraão, Moisés, Esdras e Neemias. O apóstolo também revelou o mesmo espírito que o Senhor Jesus, que chorou quando viu Jerusalém: "Jerusalém, Jerusalém, que matas os profetas e apedrejas os que te são enviados! Quantas vezes quis eu ajuntar os teus filhos, como a galinha ajunta os seus pintos debaixo das asas, e não quiseste? Eis que a vossa casa se vos deixará deserta. E em verdade vos digo que não me vereis até que venha o tempo em que digais: Bendito aquele que vem em nome do Senhor!" (Lc 13.34-35 – compare com Lucas 19.41-44). Esse encargo nunca deixou o apóstolo. Ele o descreveu como uma grande tristeza e uma contínua dor no coração. Ele intercedeu durante todos os anos que lhe restavam até o seu martírio, carregando esse fardo em favor de Israel e do povo judeu, para que pudessem ser salvos.

Ao longo dos séculos até nossos dias, sempre houve judeus que foram salvos pela graça de Deus, mas não em grande número. Apesar disso, no fim dos tempos, o Senhor salvará multidões do povo judeu.

Não foi apenas pelos judeus que o apóstolo intercedeu. Ele carregava um peso consumidor pela Igreja e o expressa na maioria das cartas que escreveu. Ele desejava, acima de tudo, apresentá-los a Cristo como uma virgem pura. A sua intercessão era que eles pudessem preparar-se para as bodas do Cordeiro (veja 2 Coríntios 11.2 – compare com Apocalipse 19.7-8). O âmago da sua intercessão se vê nas palavras que ele usou ao escrever à igreja na Galácia: "Meus filhinhos, por quem de novo sinto as dores de parto, até que Cristo seja formado em vós..." (Gl 4.19 – Almeida Revista e Corrigida). Ele usa, no grego, um verbo muito forte, traduzido como "sentir as dores de parto" ou "esforço". São as dores da mulher que está dando à luz um filho. Esse tipo de labor, quando é o Espírito Santo que gerou o encargo no intercessor, é doloroso e custoso, mas sempre terá um fim bem-sucedido. Esse é o caráter do verdadeiro intercessor.

Precisamos entender que o encargo que Paulo tinha em favor do povo judeu e da Igreja de Deus era de acordo com a vontade revelada de Deus. A sua intercessão estava baseada nisso. Ele entendeu que a vontade de Deus era clara e entregou-se à intercessão para que o Senhor a cumprisse.

Jonas e o juízo de Deus sobre Nínive

A descrição de Jonas a respeito do juízo de Deus sobre Nínive é diferente das descrições que fizemos há pouco. Jonas nunca intercedeu em favor de Nínive; ele estava contente pelo fato de que a cidade sofreria o juízo! Deus o chamou para ir até Nínive e pronunciar Seu juízo sobre ela por causa de todo o seu pecado e iniquidade. Como capital da Assíria, era uma metrópole muito grande na antiguidade; levavam-se três dias para atravessá-la a pé.

Os assírios eram famosos no mundo antigo por sua crueldade e brutalidade. No momento em que Deus falou a Jonas, ele fugiu de diante do Senhor, comprou uma passagem em Jope (atualmente chamada de Jafa) e embarcou em um navio de carga que se dirigia a Társis. Era o sentido contrário de Nínive! Ele queria a maior distância possível entre si e o Senhor. Seu problema era simples: embora tivesse sido comissionado a proclamar juízo em Nínive, ele suspeitava que o Senhor poderia mudar de opinião e perdoá-los se eles se arrependessem. Nesse assunto ele entendeu corretamente o coração e a mente do Senhor!

Um violento temporal, preparado pelo Senhor, abateu-se sobre o navio, e os marinheiros e passageiros entraram em pânico. Eles aliviaram a carga do navio, jogando-a no mar; contudo, isso não fez diferença nenhuma. O capitão pediu, então, que cada um orasse ao seu próprio deus, pois ele via pouca esperança de sobrevivência. Quando não houve resposta dos seus ídolos os marinheiros lançaram sortes para descobrir quem tinha pecado e provocado aquele temporal; e a sorte recaiu sobre Jonas! Quando lhe perguntaram o que tinha feito para provocar uma tormenta daquelas, ele confessou que estava fugindo de uma ordem recebida de Deus. Ele também lhes disse que a única maneira de acalmar a tormenta era lançá-lo no mar. O temporal era tão violento, e a possibilidade de sobrevivência tão pequena, que com muito temor os marinheiros o lançaram fora do navio.

Contudo, o Senhor tinha preparado um grande peixe, que engoliu Jonas. Temos então o registro de uma das reuniões de oração mais notáveis da História e da Bíblia! Havia apenas duas pessoas nessa reunião – Jonas e o Senhor. Jonas baseou-se na Palavra de Deus de que, se ele orasse em direção ao santo templo em Jerusalém, o Senhor o ouviria e lhe responderia (veja Jonas 2). Não sabemos como ele sabia a direção correta para onde voltar-se dentro do estômago do grande peixe! O Senhor o ouviu e atendeu a sua oração e fez com que o peixe o vomitasse na praia. E o Senhor disse pela segunda vez: "Vai até Nínive". Dessa vez Jonas obedeceu sem demora!

Quando chegou a Nínive, ele pôs o coração na sua mensagem. Ele sabia muito bem como os assírios eram selvagens e brutais. Só então ocorreu um milagre impressionante: toda a cidade de Nínive arrependeu-se, desde o rei até a pessoa mais simples. O próprio rei despiu-se do seu manto e cobriu-se com pano de saco e assentou-se em cinzas. Ele proclamou um jejum total para todas as pessoas de Nínive, e até mesmo para os animais, chamando-as ao arrependimento dos seus maus caminhos e da violência. Jonas havia pregado muitas vezes em Israel, mas nunca vira acontecer nada igual! E, por causa do arrependimento deles, o Senhor cancelou o Seu juízo. Na verdade, o juízo de Nínive e dos assírios foi adiado para um século mais tarde.

Jonas estava muito frustrado e irado com o Senhor e reclamou amargamente. Ele pediu ao Senhor que lhe tirasse a vida, porque não tinha mais razão para continuar vivendo. Essa não era o tipo de intercessão que o Senhor desejava! Na verdade, Jonas jamais intercedeu por essa cidade, nem mesmo uma vez sequer, em todo o tempo em que estava lá, nem em toda a sua vida! Não é de admirar que o Senhor tenha dito a ele: "É razoável essa tua ira?". Jonas não Lhe respondeu, mas saiu da cidade pisando duro e sentou-se no lado oriental da cidade, zangado e profundamente deprimido. Ele fez para si uma tenda e esperou para ver se o Senhor mudaria Sua mente e finalmente exercesse juízo sobre Nínive.

O Senhor preparou uma aboboreira, que estendeu as suas ramas por sobre a tenda de Jonas e lhe fez sombra. Ele ficou muito alegre com isso, mas o Senhor também tinha preparado um verme, que matou a aboboreira; e ao mesmo tempo fez com que soprasse um vento oriental quente e sufocante. Jonas disse: "Melhor me é morrer do que viver!". Isso quase tinha se tornado um refrão! Então o Senhor disse a Jonas: "Tens compaixão da planta que te não custou trabalho, a qual não fizeste crescer, que numa noite nasceu e numa noite pereceu; e não hei de eu ter compaixão da grande cidade de Nínive, em que há mais de cento e vinte mil pessoas, que não sabem discernir entre a mão direita e a mão esquerda, e também muitos animais?" (Jn 4.10-11).

Jonas era de fato um grande homem! Somente ele poderia ter escrito esse livro e deixá-lo no ponto em que todos podem julgá-lo por sua mesquinhez, sua visão curta e até mesmo o seu racismo. Ele claramente se arrependeu de toda essa atitude, porque a maneira como escreveu o livro revela que ele era um homem mudado. Isso mostra que o Senhor o transformou e produziu nele um caráter espiritual que lhe permitiu escrever o livro e expor-se ao julgamento, como ele tinha sido uma pessoa totalmente curta de visão, dura de coração e que não se importava com o sofrimento alheio.

A história de Jonas revela com mais clareza do que qualquer outra coisa que se houver arrependimento genuíno, o Senhor cancelará o juízo. Deus tinha enviado Jonas com uma mensagem dogmática e ardente de um juízo total, como se Ele não fosse um Deus de amor e compaixão. Contudo, uma vez que os ninivitas se arrependeram de fato e se voltaram do mal e da violência, Ele exerceu compaixão para com eles. Foi um grande choque para Jonas perceber que Deus conhecia as ruas e as casas de Nínive assim como Ele conhecia as ruas e as casas de Jerusalém. Ele conhecia até mesmo o número de pessoas que havia naquela grande cidade – cento e vinte mil. E foi uma surpresa maior ainda para Jonas que o Senhor também conhecia os animais que havia em Nínive, e que tinha cuidado deles também!

ALGUMAS ÁREAS EM QUE SE REQUER INTERCESSÃO VITAL E ESTRATÉGICA

Torna-se claro, de tudo que consideramos, que a intercessão é vital e estratégica para o cumprimento do propósito de Deus. Como já afirmamos, em tempos críticos ao longo da história o Senhor levantou intercessores que se colocaram na brecha e dessa forma viram o cumprimento da vontade de Deus.

A seguir apresentamos uma seleção de algumas das áreas principais e básicas em que se requer a intercessão estratégica. É claro, não se trata de uma lista exaustiva. Nesses dias em que estamos vivendo e para onde nos dirigimos, o Senhor nos chama à intercessão.

Quanto maior o tumulto e o conflito, maior será o abalo de todas as coisas, tanto no céu quanto na Terra, e tanto mais crucial e necessária será a intercessão.

A salvação daqueles que ainda não são salvos

O Senhor nos comissionou solenemente com estas palavras: "Ide, portanto, fazei discípulos de todas as nações..." (Mt 28.19). Não temos nenhuma razão para desobedecer a esse mandamento, mesmo que no fim da história mundial a obediência se torne imensamente difícil por causa da guerra, dos tumultos, dos conflitos e das legislações violentamente antibíblicas. A comissão do Senhor é clara, e não há desculpa nenhuma para desobedecer! Devemos notar as palavras que o Senhor adicionou à sua ordem: "E eis que estou convosco todos os dias até à consumação do século" (v. 20). Essas palavras não são pretexto para excluir a parte final desta era, por mais impossíveis que pareçam as condições. Precisamos lembrar as palavras de São Francisco de Assis, um verdadeiro crente nascido do Espírito: "Pregue sempre o Evangelho; se for necessário, use palavras". Ou seja, quando não podemos pregar o Evangelho, que nossa vida e conduta expressem a verdade e a realidade do Evangelho, e dessa forma alcancemos para o Senhor homens e mulheres que ainda não foram salvos.

O Senhor Jesus declarou: "E será pregado este evangelho do reino por todo o mundo, para testemunho a todas as nações. Então, virá o fim" (Mt 24.14). Nós sabemos, por meio das palavras do profeta Joel, citadas no dia de Pentecostes pelo apóstolo Pedro, que no tempo do fim "todo aquele que invocar o nome do SENHOR será salvo" (Jl 2.32 – compare com Atos 2.21). Há uma colheita gigantesca por acontecer no fim dos tempos. Isso é claramente revelado na Bíblia como a vontade de Deus.

Reis, presidentes e aqueles que estão investidos de autoridade

Já chamamos a atenção várias vezes às palavras do apóstolo Paulo em sua carta a Timóteo (veja 1 Timóteo 2.1-4). Satanás e a sua malha infernal farão com que as pessoas investidas de autoridade se oponham à pregação e ao avanço do Evangelho. Somos expressamente instigados a orar para que os governadores atuem de forma que nos permitam "uma vida tranquila e mansa. Isto é bom e aceitável diante de Deus, nosso Salvador, o qual deseja que todos os homens sejam salvos e cheguem ao pleno conhecimento da verdade". Em outras palavras, precisamos interceder pelos que estão no governo e pelos líderes das nações para que criem e mantenham condições estáveis, em que o Evangelho possa ser pregado e avance e que a Igreja de Deus possa ser edificada. Por meio da intercessão dirigida e habilitada pelo Espírito Santo, os obstáculos, os impedimentos, muitas vezes provocados por pessoas que estão no governo, podem ser removidos. Essas fortalezas satânicas precisam ser destruídas para que a vontade de Deus se cumpra.

Houve ocasiões na história em que as pessoas investidas de autoridade exerceram seu poder para interromper a pregação do Evangelho e impor limitações à edificação da Igreja. Embora isso tivesse sido extremamente difícil para os crentes, não interrompeu a intercessão requerida, e no fim essas condições foram mudadas. É verdade que muitas vezes, sob as circunstâncias menos promissoras e mesmo sob as perseguições mais violentas, as pessoas ainda não salvas têm sido salvas e a Igreja tem sido edificada. De fato, às vezes a Igreja e o trabalho do Senhor têm se apresentado mais sadios nessas circunstâncias do que em tempos de plena liberdade. Muitas vezes, na história da Igreja, cumpriu-se o velho adágio: "O sangue dos mártires é a semente da Igreja".

Não obstante, somos chamados a orar por todos aqueles que estão investidos de autoridade, que têm poder real e prático sobre a vida da nação e sobre nossa vida, de forma que se criem e sejam mantidas condições que permitam completar o trabalho do Evangelho. A Palavra de Deus revela que essa é a Sua vontade.

O crescimento espiritual dos crentes

É digno de nota reparar que nosso Senhor Jesus nos comissionou a pregar o Evangelho e fazer *discípulos* de todas as nações. Ele não nos mandou fazer simples convertidos! Há uma vasta diferença entre um convertido e um discípulo. O propósito de Deus ao redimir uma multidão inumerável não se encerra quando se convertem; essas pessoas precisam tornar-se discípulos. Por mais perigosa e difícil que seja a ocasião, somos chamados a interceder pelo crescimento espiritual dos crentes. A Palavra de Deus dá grande ênfase a esse assunto. O apóstolo Pedro, escrevendo a respeito dos últimos tempos da história mundial, afirma: "... crescei na graça e no conhecimento de nosso Senhor e Salvador Jesus Cristo" (2 Pe 3.18). Em meio ao abalo do universo e entre muito conflito, esse propósito de Deus de formar discípulos avançará até o seu pleno cumprimento.

Quando nascemos espiritualmente, por obra do Espírito, nascemos como bebês espirituais. Não devemos permanecer nessa condição, mas precisamos tornar-nos crianças e depois crescer mais até nos tornarmos filhos responsáveis na família de Deus. O problema é que a grande maioria dos cristãos permanece como bebês e nunca crescem até tornarem-se adultos espirituais. A necessidade de crescimento espiritual até a maturidade é destacada em toda a Bíblia. Essa é a vontade revelada de Deus para os crentes, que eles cheguem à plena maturidade em Cristo.

A Igreja, o corpo de Cristo

Esse assunto de intercessão é vital e de máxima importância. A nenhum outro assunto os poderes das trevas dedicam um ataque tão violento e constante. Se eles puderem redirecionar a Igreja e fazer dela algo diferente daquilo que o Senhor intenta que ela seja, eles frustrarão todo o propósito de Deus. A história da Igreja está cheia de exemplos disso. O chamado de Deus à intercessão é que a Sua vontade e propósito para a Igreja sejam executados.

Nós devemos orar pela Igreja – pelo estabelecimento de igrejas verdadeiras, pela sua edificação e pelo seu testemunho vivo. Uma igreja verdadeira deve contar com o testemunho de Jesus; isso é o sentido essencial e a significação da Igreja (veja Apocalipse 1-3). Quando ela não tem mais o testemunho de Jesus, se o perdeu, ela se torna um clube social, uma organização humana e um mero sistema! Ela se transforma em algo para o qual nunca foi destinada. Ela foi constituída para ser o corpo do Senhor Jesus, que é o seu Cabeça – para ser a expressão da Sua salvação, da Sua vida ressurrecta e do Seu poder, do Seu amor e da Sua graça. Cada uma das igrejas dos primeiros capítulos do livro de Apocalipse tem como símbolo um candelabro. O ponto principal do símbolo é a luz. A Igreja deve brilhar com a luz de Cristo até o fim! Esse é um assunto vital para a intercessão.

A necessidade da edificação da casa de Deus, da Noiva de Cristo, a necessidade de a Esposa do Cordeiro preparar-se para as bodas, também precisa da intercessão verdadeira. Essa é a vontade revelada de Deus. A respeito disso podemos estar certos de que haverá muita oposição satânica. Porém, se é a Igreja que o Messias está edificando, as portas do inferno não prevalecerão contra a Sua obra!

A obra do Senhor

Outra área essencial para a intercessão é a obra do Senhor. Não estamos escrevendo a respeito da obra *para* o Senhor, mas a obra *do* Senhor! Há uma grande diferença entre trabalhar para o Senhor e ser um coobreiro com Ele na Sua obra. Se é o Seu trabalho, Ele providenciará a sabedoria, o poder e a direção de que precisamos. Ele tomará conta da Sua obra tanto material como financeiramente. A saúde espiritual da obra de Deus – seu avanço e expansão – é uma área essencial para a intercessão. Obviamente, tudo depende do caráter espiritual dos obreiros. Se não há crescimento na semelhança de Cristo, se não há crescimento em caráter espiritual nos obreiros, a obra do Senhor se transformará em uma obra da carne.

O apóstolo Paulo escreveu, pelo Espírito Santo: "E ele mesmo concedeu uns para apóstolos, outros para profetas, outros para evangelistas e outros para pastores e mestres, com vistas ao aperfeiçoamento dos santos para o desempenho do seu serviço, para a edificação do corpo de Cristo, até que todos cheguemos à unidade da fé e do pleno conhecimento do Filho de Deus, à perfeita varonilidade, à medida da estatura da plenitude de Cristo" (Ef 4.11-13).

Essa é uma descrição dos obreiros na obra do Senhor. Todos eles são dádivas que o Messias, que foi assunto ao céu e glorificado, deu à Igreja para equipar os santos para a obra do seu serviço, para a edificação do corpo de Cristo. Note cuidadosamente que esses obreiros são dados especificamente para ajudar as crianças espirituais a se tornarem maduras; para que possam atingir a medida da estatura que pertence à plenitude de Cristo. Eles são dados para nos ajudar a chegarmos à unidade da fé e do conhecimento do Filho de Deus.

Não há maneira de a obra do Senhor avançar se não houver nos obreiros caráter ou crescimento espiritual à imagem de Cristo. Aqui está uma necessidade urgente de intercessão. Se houver superficialidade nos obreiros, a obra será superficial também. Se os obreiros estão promovendo falso ensino, o resultado será pobreza e divisão espirituais. A obra pode até mesmo deteriorar em "espíritos enganadores" e "doutrinas de demônios" (veja 1 Timóteo 4.1). Esse tipo de deterioração no caráter espiritual conduzirá a uma igreja apóstata, a uma obra apóstata, que não é a obra de Deus. Está revelado na Palavra de Deus que é a Sua vontade que a Sua obra seja espiritualmente saudável.

Israel e o povo judeu

Outra área essencial para a intercessão é Israel e o povo judeu. Precisamos interceder por Israel para que essa nação não seja aniquilada, mas experimente a salvação e a redenção de Deus. Nas profecias sobre os últimos tempos da história mundial o Estado de Israel restaurado consta como uma nação muito grande. Se nos aproximarmos desse assunto controverso com mente aberta, o Senhor nos dará entendimento do mistério de Israel (veja Romanos 11.25-29). Contudo, será impossível entendê-lo se não tivermos clara compreensão do lugar de Israel na vontade de Deus. Na escatologia, Israel destaca-se de forma notável.

Não é de admirar que Satanás odeie o povo judeu com ódio incessante e intenso. Se eles fizeram a vontade dele, se continuam sem serem salvos e na incredulidade, por que Satanás continua detestando e odiando esse povo? Não será porque ele reconhece aquilo que muitos cristãos deixam de perceber, que a nação recriada de Israel é um dobrar dos sinos anunciando o fim dele? O simples pensamento de que eles serão salvos e redimidos é demais para Satanás, e infelizmente também o é para alguns crentes. É por essa razão que devemos interceder pela salvação de Israel. Precisamos colocar-nos na brecha em favor de Israel e do povo judeu. Satanás não procurará liquidar apenas o Estado de Israel por meio da carne e do sangue, mas também tentará liquidar o próprio povo judeu.

O fato é simples: o poder e a influência do Islã estão crescendo com vigor enorme. Os militantes muçulmanos falam sem nenhum pudor da destruição de Israel e do povo judeu como um dos seus alvos principais. Precisamos colocar-nos na presença de Deus em favor de Israel e do seu povo, e dentro da vontade revelada de Deus para essa nação. De acordo com a Palavra de Deus, o Israel que foi novamente ajuntado e recriado é, mesmo em sua incredulidade, uma testemunha da imutabilidade do Seu conselho. Enquanto o povo judeu não for salvo pela graça de Deus, o propósito de Deus para a Igreja não pode completar-se. Eles são os ramos naturais que Deus pôs de lado e serão novamente enxertados por Ele na sua própria oliveira (veja Romanos 11.16-18). Na Palavra de Deus isso está revelado como a Sua vontade, e é outro assunto vital para a intercessão.

OS SEUS INTERCESSORES DESIGNADOS SOBRE OS MUROS DE JERUSALÉM

Neste capítulo consideramos a necessidade essencial da intercessão em tempos de juízo da parte de Deus sobre o mundo. Estamos avançando a passos largos para dentro desse tempo, mas precisamos lembrar que o Senhor nos chama, acima de tudo, à intercessão para o cumprimento do Seu propósito eterno; esse é o ponto principal de toda intercessão concedida por Deus. Todas as outras formas de intercessão estão relacionadas a isso, mesmo que não estejamos cientes desse fato.

Fomos designados pelo próprio Deus para sermos vigias sobre os muros de Jerusalém, com o mesmo encargo e o mesmo zelo e determinação que Ele tem. É ao mesmo tempo chocante e humilhante que o Senhor chame criaturas humanas tão frágeis como nós para acompanhá-lO na obra da intercessão. Para o cumprimento desse chamado, Ele nos provê toda a graça, o poder e a visão de que precisamos.

CAPÍTULO **12**

O DESAFIO E O CUSTO DA INTERCESSÃO CORPORATIVA

Ezequiel 22.30 – Busquei entre eles um homem que tapasse o muro e se colocasse na brecha perante mim, a favor desta terra, para que eu não a destruísse; mas a ninguém achei.

Isaías 64.7 – Já ninguém há que invoque o teu nome, que se desperte e te detenha; porque escondes de nós o rosto e nos consomes por causa das nossas iniquidades.

Romanos 12.1-2 – Rogo-vos, pois, irmãos, pelas misericórdias de Deus, que apresenteis o vosso corpo por sacrifício vivo, santo e agradável a Deus, que é o vosso culto racional. E não vos conformeis com este século, mas transformai-vos pela renovação da vossa mente, para que experimenteis qual seja a boa, agradável e perfeita vontade de Deus.

Romanos 8.22-23, 26-27 — Porque sabemos que toda a criação, a um só tempo, geme e suporta angústias até agora. E não somente ela, mas também nós, que temos as primícias do Espírito, igualmente gememos em nosso íntimo, aguardando a adoção de filhos, a redenção do nosso corpo. (...) Também o Espírito, semelhantemente, nos assiste em nossa fraqueza; porque não sabemos orar como convém, mas o mesmo Espírito intercede por nós sobremaneira, com gemidos inexprimíveis. E aquele que sonda os corações sabe qual é a mente do Espírito, porque segundo a vontade de Deus é que ele intercede pelos santos.

Gálatas 4.19 (Almeida Revista e Corrigida) — Meus filhinhos, por quem de novo sinto as dores de parto, até que Cristo seja formado em vós.

O DESAFIO DO SENHOR

Neste livro já escrevemos bastante a respeito da necessidade da intercessão. Procuramos mostrar a sua natureza estratégica na guerra espiritual em que nos encontramos. O desafio do Senhor é simples e direto: *onde estão os intercessores?* À medida que vemos as condições da Igreja de Deus em nossos dias — os conflitos, as confusões e os abalos que estão acontecendo em todas as nações – ouvimos o clamor de Deus: "Busquei entre eles um homem que tapasse o muro e se colocasse na brecha perante mim, a favor desta terra, para que eu não a destruísse; mas a ninguém achei" (Ez 22.30). Deixemos que essa triste voz do Senhor transpasse o nosso coração.

Em outro lugar, Isaías clama: "Já ninguém há que invoque o teu nome, que se desperte e te detenha; porque escondes de nós o rosto e nos consomes por causa das nossas iniquidades" (Is 64.7). É um fato chocante que em uma época em que há tantos cristãos e tanta pregação no mundo ocidental – o chamado mundo cristão – seja necessário procurar bastante até encontrar um grupo de intercessores. É possível até dizer que a intercessão verdadeira e efetiva é quase uma arte perdida. Porém, é preciso dizer que no assim chamado terceiro mundo, muitas vezes chamado de "campo missionário" pela Igreja ocidental, existe muita oração e intercessão efetivas. Em muitos casos também encontramos a verdadeira expressão da Igreja como o corpo de Cristo. Queira o Senhor continuar a operar uma obra genuína nessas áreas do mundo!

Será possível que no meio de tanta exatidão evangélica o Senhor Jesus esteja do lado de fora, batendo à porta? Em muitos casos a verdade é que estamos vivendo na mesma condição da igreja de Laodiceia. Usamos Seu nome, pregamos Sua Palavra, mas Ele está do lado de fora de tudo, impedido de entrar e procurando ser admitido. No fim das contas, o que o Senhor está procurando é comunhão. "Eis que estou à porta e bato; se alguém ouvir a minha voz e abrir a porta, entrarei em sua casa e com ele cearei, e ele, comigo" (Ap 3.20). Comer com alguém, no mundo antigo, e na verdade em muitos lugares do nosso mundo moderno, é uma expressão de comunhão. O Senhor estava procurando comunhão de coração para coração com a igreja de Laodiceia. Eles tinham um conceito espiritual incrivelmente alto a respeito de si mesmos, mas o conceito de Cristo a respeito deles era inteiramente contrário ao deles. O conceito que a igreja tinha de si mesma era inteiramente falso, mas ela não estava consciente disso.

Até pensaríamos que deveria ser assim, já que o Senhor Jesus tinha sido excluído daquela organização! Como é que a Igreja pode ser "a Igreja" se o Senhor Jesus, Seu Cabeça e Salvador, está excluído e melancolicamente diz: "... se alguém ouvir a minha voz e abrir a porta, entrarei em sua casa..."? Ele não diz: "Se a Minha Igreja ouvir a Minha voz" nem: "Se alguns de vocês ouvirem a Minha voz", mas: "Se *alguém* ouvir a minha voz". Isso nos mostra o quanto a degradação tinha avançado em Laodiceia. A igreja tinha sido reduzida a crentes individuais.

A intercessão genuína é, em essência, comunhão com o Senhor. Se tivermos entendido este livro, a intercessão só pode começar na comunhão d'Ele conosco e em nossa comunhão com Ele. Seu encargo tem de ser transferido a nós e compartilhado conosco. Precisamos discernir a Sua vontade e então atuar baseados nela em comunhão com Ele. A igreja de Laodiceia possuía todos os "ornamentos", toda a teologia correta, as doutrinas certas, e provavelmente possuía uma metodologia completa para tudo. No entanto, não havia intercessão genuína e verdadeira, pois não havia comunhão com o Senhor.

A intercessão é um termômetro por meio do qual a saúde de qualquer igreja ou obra pode ser aferida! Se não há intercessão, é evidência de que o Senhor está do lado de fora. Se existe intercessão real, é evidência de que, na prática, Cristo é o Cabeça e o

Senhor. O desafio do Senhor se dirige a todo crente, homem ou mulher, jovem ou idoso. Ele nos desafia a dar o primeiro passo e, qualquer que seja o custo, consagrar-nos totalmente ao Seu senhorio. Sem essa total consagração não é possível ser intercessor, e assim não haverá intercessão. A verdade é essa, franca, honesta e direta.

O PROPÓSITO DO EVANGELHO — UM SACRIFÍCIO VIVO

O apóstolo Paulo declara o seguinte, resumindo uma das mais claras exposições do Evangelho no Novo Testamento (Rm 1 a 8), e da verdade da eleição divina de Israel e da Igreja (Rm 9 a 11): "Rogo-vos, pois, irmãos, pelas misericórdias de Deus, que apresenteis o vosso corpo por sacrifício vivo, santo e agradável a Deus, que é o vosso culto racional. E não vos conformeis com este século, mas transformai-vos pela renovação da vossa mente, para que experimenteis qual seja a boa, agradável e perfeita vontade de Deus" (Rm 12.1-2).

Devemos prestar bastante atenção na pequena palavra *pois*. Paulo está resumindo os onze capítulos anteriores. Esse é o objetivo do Evangelho, que nós sejamos um sacrifício vivo. Todas as misericórdias de Deus demonstradas no Evangelho e na Sua eleição devem nos conduzir a esse alvo!

Não é de admirar que em nossa geração essa verdade não seja muito popular entre os cristãos. Em geral não se crê que a graça salvadora e o poder de Deus nos levem a sermos um sacrifício vivo. Contudo, diante de Deus, não existe uma alternativa! O ápice da pregação do Evangelho deve levar-nos a uma total entrega ao Senhor. Em nossos dias, vivemos um cristianismo "centrado em nós mesmos" e não um cristianismo centrado em Cristo. Não pregamos mais um Evangelho que exige um serviço prático e adoração. O resultado é que como convertidos tendemos a buscar um Evangelho que satisfaça aos nossos próprios desejos. Ele está totalmente centrado em nossas necessidades, nossa satisfação e nossa realização pessoal e nosso próprio desenvolvimento. O discipulado, por outro lado, requer uma vida consagrada à adoração e ao serviço de Deus. O discipulado exige que olhemos para fora de nós – exige que Cristo esteja no centro da vida do discípulo, em vez de ter o próprio eu como o centro.

A MULHER DO VASO DE ALABASTRO

O Senhor Jesus declarou que o ato de certa mulher seria sempre "contado... para memória sua" (Mc 14.9b). Em outras palavras, Ele ligou essa ação com a pregação do Evangelho por todo o mundo. Ele associou a ação de sacrifício dela com o Evangelho. Ela chegou-se a Jesus com um vaso de alabastro com nardo puro, que representava todas as economias da sua vida. Ela quebrou o vaso e derramou o óleo de nardo na cabeça de Jesus. Seus discípulos ficaram tão indignados com aquilo, que eles o chamaram de "desperdício de dinheiro". Eles pensavam que esse perfume precioso deveria ter sido vendido, e o dinheiro, dado aos pobres.

O Senhor Jesus, porém, disse: "Deixai-a; por que a molestais? (...) [Ela] antecipou-se a ungir-me para a sepultura. Em verdade vos digo: onde for pregado em todo o mundo o evangelho, será também contado o que ela fez, para memória sua (Mc 14.6a; 8b-9). É altamente significativo que Jesus tenha escolhido a ação dessa mulher *e a tenha ligado ao Evangelho*. O ato de quebrar o vaso de alabastro e de derramar o nardo precioso expressou a prontidão dela de tornar-se um "sacrifício vivo". O Senhor associou o sacrifício total e custoso dela com o Evangelho. Essa é, de fato, a mesma ideia que encontramos nas palavras de Paulo, que devemos *apresentar nosso corpo como um sacrifício vivo.*

SE ALGUÉM QUISER VIR APÓS MIM

Quando o Senhor Jesus, pela primeira vez, falou da Sua crucificação, Seu sepultamento e Sua ressurreição, isso foi um grande choque para os doze discípulos. Pedro não admitiu essa possibilidade e repreendeu Jesus dizendo que, enquanto ele vivesse, isso jamais aconteceria! O Senhor Jesus, fitando os olhos de Pedro, disse: "Arreda, Satanás! Porque não cogitas das coisas de Deus, e sim das dos homens" (Mc 8.33). Então o Messias chamou a Si toda a multidão e os Seus discípulos. Esse ato é muito significativo porque denota que aquilo que Ele estava para declarar era da maior e mais séria relevância tanto para o Evangelho quanto para o discipulado. Foi a declaração irrefletida de Pedro, de que ele não permitiria que o Senhor Se dirigisse à cruz, que deu origem à declaração de Jesus. O Senhor disse que a postura de Pedro era igual à de Satanás! Isso revela o veneno de uma vida não crucificada. Ela não consegue dar ouvidos à cruz e é sempre o terreno dentro de nós onde Satanás opera. A vida natural de Pedro fez com que lhe fosse impossível prestar atenção às coisas de Deus e pensasse apenas nas coisas dos homens!

Então o Senhor Jesus disse: "Se alguém quer vir após mim, a si mesmo se negue, tome a sua cruz e siga-me. Quem quiser, pois, salvar a sua vida perdê-la-á; e quem perder a vida por causa de mim e do evangelho salvá-la-á" (Mc 8.34b-35). Sublinhe estas palavras: *se alguém quer vir após mim, a si mesmo se negue*. Um discípulo verdadeiro precisa negar a si mesmo e desistir de todo e qualquer direito com respeito a si mesmo.

Não é possível seguir o Senhor Jesus e experimentar a plenitude da salvação sem perder a própria vida. A palavra grega usada aqui e traduzida como *vida* é o eu ou a vida da alma. É a palavra grega *psuche*, da qual derivam as palavras "psicologia" e "psiquiatria". Se você nega a si mesmo, renuncia a todos os direitos próprios, e o Senhor torna-Se o defensor dos seus direitos. Quando perdemos nossa vida por causa d'Ele, recebemos de volta nossa vida sob nova administração – o Seu senhorio. Novamente vemos que o alvo do Evangelho é que percamos nossa vida por amor a Ele e por amor ao Evangelho.

O problema com muito do cristianismo moderno é que ele crê apenas na metade do Evangelho. Aqui nessas palavras do Senhor Jesus encontramos a outra metade. Sem essa parte do Evangelho jamais experimentaremos o poder da Sua ressurreição e vida. Jamais seremos vencedores; e a plenitude e o poder do Espírito Santo estarão impedidos por causa de uma vida não quebrantada e não crucificada! O Evangelho não trata apenas da salvação do pecado; ele também trata da salvação da vida. No fim das contas, não é somente o pecado que é o problema na história da humanidade; o problema também é o engrandecimento da vida centrada em si mesmo, a autoglorificação, a realização própria e a adoração de si mesmo; em suma, o humanismo.

O VOSSO CULTO E O VOSSO SERVIÇO PRESTADOS COM INTELIGÊNCIA

É interessante notar a expressão que Paulo usa para apresentarmos o corpo como sacrifício vivo: "culto racional". Não é tão fácil traduzir o termo grego; ele é traduzido de várias formas em diferentes versões, como "culto espiritual", "culto lógico", "culto razoável", "culto autêntico".

Muitos anos atrás eu perguntei a uma pessoa graduada pela Universidade de Cambridge como seria melhor traduzir essas palavras, e a ocasião foi de grande aprendizado para mim. Ela me explicou que a ideia daquilo que Paulo estava dizendo não é comunicada de forma adequada pela expressão "que é o vosso culto racional". Ela disse que o grego traz a ideia de "razão", e mesmo se você traduz a ideia como "vosso culto racional ou lógico", ou mesmo "adoração espiritual", essas expressões ainda não transmitem plenamente aquilo que Paulo escreveu. Eu perguntei a ela se podemos traduzir a expressão como "vossa adoração espiritual inteligente". Ela disse que essas palavras transmitem o real sentido, mas é preciso acrescentar as palavras "e serviço". Quando nos apresentamos como sacrifício vivo, isso é a nossa "adoração e serviço espirituais inteligentes". É esse comprometimento total ao Senhor que nos conduzirá a uma transformação por meio da renovação da nossa mente e a experimentarmos a *boa, agradável e perfeita vontade de Deus*.

O "DILEMA" DE DEUS

Teologicamente não é correto dizer que Deus está enfrentando ou está diante de um dilema. Apesar disso, o Senhor enfrenta um problema enorme com o Seu chamado à intercessão. Quando a intercessão é genuína, é o encargo do Senhor Jesus que é compartilhado pelo Espírito Santo com os Seus intercessores. O Espírito de Deus gera aquele encargo no espírito do crente. O encargo então se torna um trabalho espiritual árduo. O apóstolo Paulo usa essa expressão quando escreve: "Meus filhinhos, por quem de novo sinto as dores de parto, até que Cristo seja formado em vós" (Gl 4.19). A palavra grega é poderosa; são as próprias "dores de parto". Isso descreve com exatidão a experiência da intercessão verdadeira. É um encargo concebido pelo Espírito Santo, que cresce dentro do crente; e não é possível aliviar esse fardo enquanto ele não é plenamente executado. Isso é custoso e doloroso, mas seu fim é um nascimento! É exatamente esse o caminho da intercessão verdadeira. Ela começa com o Espírito de Deus gerando o encargo em nós, prossegue com as dores de parto e termina com uma nova vida!

Com muita frequência, é com dificuldade que esse tipo de intercessão intensa e persistente pode ser expressa em palavras. É como um *iceberg*: noventa por cento dele não são vistos, estão abaixo da superfície.

As palavras que são usadas audivelmente expressam a menor percentagem do encargo. Por essa razão, o apóstolo escreve: "... o mesmo Espírito intercede por nós com gemidos inexprimíveis. E aquele que examina os corações sabe qual é a intenção do Espírito; e é ele que segundo Deus intercede pelos santos (Rm 8.26b-27 – Almeida Revista e Corrigida). Essa forma de intercessão é tão profunda que até mesmo os gemidos não assumem expressão audível.

Torna-se necessário um mínimo de maturidade antes que alguém possa sentir esse tipo de luta, essa "dor de parto". Os bebês não conseguem sentir isso, nem as crianças! Um ser humano precisa atingir certo nível de maturidade antes que possa sentir as "dores de parto". É isso que tenho descrito como o dilema de Deus. A Igreja de Deus está cheia de bebês! Não há nada mais bonito do que um bebê, mas quando um ser humano chega aos trinta anos, ou quarenta, ou mais, e ainda continua uma criança, isso não é normal. A Igreja está cheia de cristãos que nasceram do Espírito, mas nunca cresceram. Eles não podem ser soldados do Senhor Jesus Cristo, nem podem ser intercessores. Eles ainda não são espiritualmente adultos!

Nunca houve uma situação na história em que a intercessão corporativa fosse mais necessária e essencial do que a presente época. O que fará o Senhor? Se os bebês crescessem na graça e no conhecimento do Senhor Jesus, tudo estaria bem. Eles se tornariam crianças, de crianças se tornariam adolescentes espirituais, e de adolescentes se tornariam adultos. A maturidade começa quando nos movemos da base de uma vida centrada em nós mesmos para uma vida centrada em Cristo. Quando isso acontece, não importa mais o que "nós obtemos" para nós mesmos, mas o que "Ele obtém" em nós. Não é mais "a minha alegria", mas "a Sua alegria"; não mais "a minha satisfação", mas "a Sua satisfação"; não mais "a minha vontade", mas "a Sua vontade". Esse é o início da maturidade espiritual.

Nós chamamos isso de "o dilema de Deus". Como já afirmamos, de certa forma não é possível que o Todo-poderoso Se depare com algum dilema. O que, entretanto, Ele haverá de fazer? Onde estão os intercessores? A quem Ele pode chamar? Onde podemos encontrar as características de um conde Zinzendorf e dos seus seguidores, que os levaram à intercessão? Onde poderemos encontrar um João Wesley, que aos 94 anos continuava viajando em lombo de cavalo no rigoroso inverno britânico, pregando quatro vezes por dia? Onde é que encontraremos a figura de um João Knox, que, ao interceder pela salvação da Escócia, estava consumido de tal forma pelo fardo, que clamou ao Senhor: "Dá-me a Escócia, ou eu morro!"? E o Senhor lhe deu a Escócia! Onde encontraremos hoje esse mesmo tipo de espírito que deu vigor a incontáveis servos de Deus por toda a história da Igreja? Em vez disso, o que temos é um tipo de cristianismo confortável, complacente e relaxado; uma Igreja como Laodiceia, uma situação em nada diferente daquela que vemos descrita em Apocalipse 3. Esse é o dilema de Deus!

QUANTO CUSTA RESPONDER AO DESAFIO

Era um tempo de crise para o povo de Deus; e um homem ouviu a voz do Senhor: "A quem enviarei, e quem há de ir por nós?" Esse homem era Isaías. Esse era o nascimento de um dos maiores ministérios proféticos do Antigo Testamento; mas foi algo que não aconteceu automaticamente. Isaías precisou dizer: "Eis-me aqui, envia-me a mim". E o Senhor o enviou (veja Isaías 6). Ele foi totalmente fiel até o fim, e aos oitenta anos sofreu o martírio. Ele tinha entrado em uma velha oliveira, escondendo-se em seu tronco enorme, e eles serraram o tronco da oliveira, matando o profeta.

O desafio de Deus é pessoal. Nós também nos encontramos em um grande momento decisivo da história e precisamos ouvir a voz de Deus: "A quem enviarei, e quem há de ir por nós?". Seja para pregar, seja para ir até os confins da Terra, ou para ser um intercessor, o princípio é o mesmo para todos. É preciso estar pronto para responder ao desafio do Senhor: "Eis-me aqui, envia-me a mim". Para ser um intercessor é necessário ser um sacrifício vivo.

Não há uma alternativa! Esse desafio é feito a todos nós. Sem esse tipo de devoção sincera e exclusiva ao Senhor não é possível ser usado por Ele dessa maneira. Responder afirmativamente ao desafio nos custará tudo. É por essa razão que somos chamados a ser sacrifícios vivos. Uma vez que você apresenta todo o seu ser como um sacrifício vivo, não há necessidade de debater a respeito do custo. O custo, na verdade, é total. Quer sejam as economias de toda a sua vida em um vaso de alabastro, quebrado e derramado sobre o Senhor, quer seja a desistência de todo direito a si mesmo, tomar a sua cruz e segui-lO, ou então a completa desistência da sua vida por amor a Ele e pelo Evangelho, o princípio é o mesmo. Não há mais necessidade de argumentar a respeito do custo. Ele já foi pago integralmente! Em um único ato de consagração ao Senhor se resolvem todos os problemas!

Uma vez que estamos totalmente comprometidos com Ele, passa a ser d'Ele a responsabilidade por nós. O Senhor Jesus disse: "... buscai, pois, em primeiro lugar, o seu reino e a sua justiça, e todas estas coisas vos serão acrescentadas" (Mt 6.33). Quando obedecemos plenamente ao Senhor e O colocamos em primeiro lugar, Ele toma conta de nós. Terá porventura alguém sacrificado tudo por Ele e deixado de constatar que Ele acrescenta todas essas coisas a nós? Na glória ainda por vir ninguém que tenha rendido tudo ao Senhor nem sequer mencionará o custo. Ele será tragado pela plenitude em que teremos entrado. Nunca seremos capazes de falar a respeito de o Senhor estar em dívida conosco, porque nós é que estamos endividados com Ele para sempre.

OS HOMENS SÃO DESAFIADOS A TORNAREM-SE INTERCESSORES

É interessante observar que, em nossa situação hoje, a maioria dos intercessores é mulher. Damos graças a Deus por elas; é difícil imaginar o que faríamos sem a intercessão delas. Mesmo assim, o que é que aconteceu com os homens? É verdade que Paulo disse certa vez que as viúvas deveriam dedicar-se à oração, mas essas palavras jamais tiveram a intenção de excluir os homens ou de dar a eles uma desculpa para não estarem à frente da intercessão. Os homens cristãos devem ouvir e encarar o desafio do Senhor; o lugar deles deve ser na vanguarda da intercessão. Afinal, temos de notar que a maioria dos intercessores na Bíblia era homem.

Aonde foram todos os homens? É extraordinário que nessa guerra e conflito nós não os vejamos na liderança. Se você é homem, deve aceitar o desafio de Deus e entregar-se inteiramente a Ele. Alguns homens têm a ideia de que ser um intercessor ou envolver-se em intercessão não é algo viril; é "serviço de mulher".

Mas isso é totalmente falso. O fato de que a maioria dos intercessores na Bíblia era homem fala por si mesmo. Devemos lembrar a história incrível da época da Segunda Guerra Mundial, quando um grupo de 120 cristãos, a maioria de jovens e mulheres, reuniu-se em intercessão. Essa guerra foi basicamente determinada por essas intercessões. Também devemos lembrar-nos de Dennis Clark, que fundou o grupo Intercessores pela Inglaterra e foi a inspiração de muitos outros movimentos de intercessão por países específicos em todo o mundo. Quantos problemas, tanto internacionais como nacionais, foram tocados por esse tipo de intercessão! O desafio de Deus se estende aos homens, e eles precisam decidir encará-lo e dedicar-se a Ele.

AS MULHERES SÃO DESAFIADAS A TORNAREM-SE INTERCESSORAS

Nós não deveríamos jamais subestimar a intercessão das irmãs. Os homens têm falhado tantas vezes, e as mulheres têm se levantado corajosamente nessas ocasiões e vencido a batalha em oração e intercessão. Na guerra e na batalha elas têm, muitas vezes, suportado a pior parte dos ataques satânicos. A Bíblia traz alguns exemplos maravilhosos de mulheres que foram intercessoras: a rainha Ester, Débora, Ana, a profetisa Ana, Lídia e outras. Não devemos jamais desvalorizar a enorme contribuição que as irmãs têm dado em intercessão e a imensa parte que elas representaram no trabalho missionário pioneiro em todo o mundo.

Na virada do último século um velho monge russo profetizou a uma jovem crente russa. Essa crente era Madre Bárbara, que por muitos anos, até partir para o Senhor, foi Madre Superiora do convento russo de Santa Maria Madalena, no Monte das Oliveiras, em Jerusalém. O monge profetizou, entre outros assuntos, que o Senhor usaria mulheres de oração para salvar a Grã-Bretanha na guerra. A Primeira Guerra Mundial ocorreu de 1914 a 1918, e a Segunda Guerra Mundial foi travada de 1939 a 1945. A Inglaterra foi salva nessas duas guerras pelas mulheres que oraram. Desde então, o Senhor tem usado irmãs em grupos como o Movimento de Oração Lídia, Oração das Mulheres e Semanas Bíblicas com a finalidade de tocar muitos problemas. Que o Senhor possa aumentar grandemente o número de mulheres intercessoras!

O DESAFIO AOS JOVENS

Não é tão anormal que a maioria dos intercessores seja de idade madura; afinal, a experiência e a idade fazem diferença. Se algum jovem leu este livro, ele deve entender que, para ser um intercessor, tudo começa com uma total consagração ao Senhor. Por mais jovem que você seja, é preciso que dê o primeiro passo em uma jornada que vai conduzi-lo ao trono de Deus. Não permita que o inimigo o desanime, fazendo-o sentir-se insignificante e inexperiente, rodeado de grandes guerreiros de oração.

Os jovens raramente entendem o quanto é enriquecedor e renovador para os intercessores mais velhos ouvir os jovens contribuindo na intercessão. Não pense que a intercessão é para os velhos, que ela não tem nada a ver com os jovens. Todos deveríamos começar a interceder enquanto ainda somos jovens.

Se você se render totalmente ao Senhor, Ele o educará, treinará e disciplinará. Você cometerá erros, mas se aprender com eles, crescerá e se tornará um intercessor.

Precisamos lembrar que o conde Nicolas Zinzendorf era jovem quando parou diante daquela tela do Cristo crucificado. Ele ficou paralisado ali, por quase uma hora, e as palavras escritas por baixo da pintura transpassaram-lhe o coração: "Tudo isto eu fiz por ti; o que fazes tu por Mim?". Isso conduziu-o a um total comprometimento com o Senhor e a uma das fases mais gloriosas da história da Igreja, o movimento morávio do Espírito de Deus. O conde tornou-se um sacrifício vivo e influenciou um incalculável número de crentes a seguir seu exemplo. Lembre-se disso, se você é jovem! Não há como exagerar aquilo que Deus pode fazer com um jovem ou uma jovem que se consagra totalmente ao Senhor.

Não é preciso que esperemos até atingir certa idade para sermos intercessores. Os mais jovens entre nós, uma vez que deram esse primeiro passo da total consagração, podem aprender como interceder e aprender por experiência a tornarem-se verdadeiros intercessores. Se você ouve o Senhor clamando: "A quem enviarei, e quem há de ir por nós?", que a resposta do seu coração seja: "Eis-me aqui, envia-me a mim".

Lembre-se de como Jeremias sentiu-se quando o Senhor o desafiou a primeira vez a seguir Seu chamado. Ele expressou seu sentimento de inadequação dizendo: "... ah! SENHOR Deus! Eis que não sei falar, porque não passo de uma criança" (Jr 1.6). Mas depois Jeremias encarou o desafio com fé viva e entregou-se nas mãos de Deus. Ele prosseguiu em uma longa caminhada de vida para exercer um dos maiores ministérios proféticos na Palavra de Deus.

A COMUNHÃO DO SEU FILHO, JESUS CRISTO, NOSSO SENHOR

Não há chamado de Deus maior ou mais valioso para Ele do que o chamado para tornar-se um intercessor. O Senhor valoriza o intercessor acima de qualquer outro ministério. É claro, muitas vezes ele está combinado com outros dons. Por exemplo, um apóstolo, como Paulo, era tanto apóstolo como intercessor. Temos profetas como Daniel e mestres como Esdras, que também eram intercessores.

Por que o intercessor é tão precioso para o Senhor? Por que o Senhor valoriza tanto a intercessão? É porque no âmago da intercessão se encontra profunda comunhão com o Senhor. Acima de todos os outros ministérios e dons, o intercessor precisa andar em comunhão com Ele. Neste livro, nós repetidamente escrevemos a respeito da intercessão como uma questão de comunhão com o Senhor, e Sua comunhão conosco. O encargo que Ele nos transmite, que é gerado em nós pelo Espírito Santo, tem sua origem nessa comunhão.

A palavra grega *koinonia*, traduzida como *comunhão*, é cheia de significado; ela significa "sociedade", "ligação", "ter algo em comum", "comunicação" e "participação". Isso esclarece nosso entendimento a respeito da comunhão. Não é meramente "conversa mole" ou "camaradagem"! Paulo escreveu: "Fiel é Deus, pelo qual fostes chamados à comunhão de seu Filho Jesus Cristo, nosso Senhor" (1 Co 1.9). Fomos chamados por Deus a uma sociedade, uma ligação, fomos chamados para fazer parte do Senhor Jesus. Ele é o Cabeça, nós somos o corpo. A intercessão genuína é uma ligação entre o Senhor e nós; é uma sociedade. Especificamente, isso resulta na transferência dos encargos do Seu coração. Ser um intercessor é ser participante do cumprimento da vontade de Deus.

O chamado à intercessão é um chamado à comunhão prática com o Senhor Jesus. Acima e além de tudo mais, a intercessão é um assunto do coração. O Seu coração e o nosso coração em comunhão. É por essa razão que o intercessor é tão precioso para o Senhor. Ele disse a respeito do rei Davi: "Um homem segundo o meu coração". Os muitos salmos que Davi compôs revelam o tipo de coração que ele possuía. Mesmo quando estava em pecado profundo e terrível, os dois salmos que ele escreveu depois dessa queda – salmos 32 e 51 – ainda revelam o tipo de coração que Deus procura. Quando o Senhor possui o seu coração, Ele possui você integralmente!

É interessante e altamente significativo que o apóstolo Paulo nos suplique: "... que apresenteis o vosso *corpo* por sacrifício vivo..." (Rm 12.1). Por que Paulo usou a palavra *corpo*? Por que ele não poderia ter usado outros termos: *todo o vosso espírito, alma e corpo*, ou *todo o vosso ser*, ou *o vosso coração*? Em vez disso, ele usa a parte mais prática do nosso ser, que é nosso corpo físico. Aqui chegamos a um sentido fundamental da intercessão.

O Senhor, ao habitar em nosso espírito, usa nosso corpo para ir, para servir, para sentir, para reagir, para responder e para fazer a Sua vontade. No meio de todas as revoltas e tumultos da última era da história da humanidade, Ele não quer que sejamos robôs espirituais ou máquinas cristãs, mas precisamos ter sentimentos e reações às tragédias que ocorrem ao nosso redor. O Senhor mesmo tem esses sentimentos e reações; no entanto, muitos cristãos têm suprimido essas emoções em si mesmos como se não fossem espirituais.

Percebemos isso na história de Jonas e Nínive. Ele estava insensível com respeito ao juízo que desceria sobre a cidade; estava totalmente indiferente ao que iria acontecer! Da aboboreira ele teve compaixão, mas não da Assíria! Ele não intercedeu em favor de Nínive porque não tinha sentimentos nem emoções pelo povo que estava para ser julgado. O Senhor não pôde fazer o Seu encargo abrir caminho em Jonas; por essa razão ele não podia interceder! O Senhor deseja não apenas o nosso espírito, que é de extrema importância, mas também nossa alma e nosso corpo. O Senhor Jesus, que é a revelação da mente e do coração de Deus, a expressão do caráter e do Ser de Deus, chorou junto ao túmulo de Lázaro; e Ele chorou à vista de Jerusalém (veja João 11.35 – compare com Lucas 19.41). Ele pretende fazer o mesmo em nós!

O TRONO E A GLÓRIA DE DEUS

A intercessão genuína tem por fim o trono de Deus e a Sua glória. Para atingir esse alvo, a sua educação espiritual e seu treinamento duram a vida toda e são severos. Ela envolve muita disciplina. O intercessor precisa aprender a ler a mente e a vontade de Deus, e então permanecer em fé, não importa qual seja a batalha, até que a vontade de Deus seja executada. Ele ou ela precisa aprender a distinguir a voz do Senhor de todas as outras vozes, inclusive da voz da sua própria alma. O intercessor precisa aprender como "ouvir" a voz do Senhor.

Há muita aflição, tribulação e provação para suportar nesse caminho para o alvo. O intercessor aprende muito através disso. Quando se alcança o trono de Deus, a Sua glória fará com que tenha valido a pena qualquer aflição e sofrimento que tivermos suportado. O intercessor aprendeu a encarar tudo através da comunhão com o Senhor. Dessa forma, o Senhor treina o intercessor para o Seu trono e para o Seu governo eterno.

O intercessor não aprendeu por meio de leitura apenas; o que ele possui não é mero conhecimento intelectual. Ele ou ela foi treinado por meio da experiência íntima com o Senhor por meio da comunhão com Ele. Não é que o estudo não tenha valor ou não sirva para nada; não é nada disso. O estudo da Palavra de Deus, na verdade, é extremamente importante. O apóstolo Paulo escreveu a Timóteo que, por meio da Palavra de Deus, "o homem de Deus seja [tornado] perfeito e perfeitamente habilitado para toda boa obra" (2 Tm 3.17).

Não obstante, a maioria das vezes é nos tempos de crise, de emergência, e mesmo de angústia, que chegamos a conhecer o Senhor em um nível muito mais profundo. A Sua palavra vem para habitar em nós! Aquilo que o Senhor nos concede em tempos assim torna-se fundamental; isso nunca mais pode ser tomado. Devemos prestar atenção às palavras do Pregador: "Sei que tudo quanto Deus faz durará eternamente; nada se lhe pode acrescentar e nada lhe tirar; e isto faz Deus para que os homens temam diante dele" (Ec 3.14).

O treinamento do Senhor para que cheguemos ao trono tem sua origem em um relacionamento direto, vivo e prático com Ele, na comunhão íntima com Ele. Há muitas formas pelas quais o Senhor pode nos treinar, mas a intercessão é a mais intensa e direta.

O PRIMEIRO PASSO É UM TOTAL COMPROMETIMENTO □ O EXEMPLO DE GEORGE MATHESON

Neste livro já escrevemos bastante a respeito da oração e da intercessão – sua necessidade estratégica, suas características e sua natureza, seu mistério fundamental e a execução da vontade de Deus. No fim das contas, tudo se resume a um único e simples passo de fé, um total comprometimento com o Senhor, uma entrega plena de nossa vontade à vontade d'Ele. Sem esse primeiro passo não é possível tornar-se um intercessor. O chamado de Deus à intercessão não significa nada se esse primeiro passo não é dado. O Todo-poderoso pode desafiar-nos sempre para nos tornarmos intercessores, mas se o primeiro ato de total comprometimento e entrega a Ele não for executado, Seu desafio deixou de ser atendido. Em última análise, tudo se resume em uma resposta viva e prática da nossa parte.

Há um hino, composto por George Matheson, um ministro da Igreja da Escócia no século dezenove, que resume o que é o total comprometimento com o Senhor Jesus, o qual nós precisamos fazer. George Matheson, ainda jovem, estava noivo, comprometido para casar-se, quando descobriu que estava ficando cego e que nenhum médico poderia ajudá-lo.

Quando contou isso a sua noiva, ela lhe disse que não aguentaria viver a vida toda com um cego e desfez o compromisso do noivado! Na verdade, mais tarde ela casou-se com outro homem.

George Matheson ficou cego enquanto estudava para o ministério. Sua irmã tomava conta dele, mas ela também se casou. No dia do casamento dela, ele estava envolto em profunda tristeza e solidão.

Sua cegueira, o casamento da irmã e a lembrança da noiva que o deixara levaram-no a uma grande agonia mental. Ele sentia que não havia esperança de uma vida normal; ele não passaria de um objeto de pena dos outros. Naquela altura, quando tudo parecia totalmente escuro, e ele estava inteiramente só, o Senhor falou com ele e lhe concedeu este hino[1].

George Matheson o escreveu, conforme relatou depois, em cinco minutos. A única resposta à calamidade que ocorrera e ao desgosto que sentia era que ele deveria devotar-se completamente ao Senhor e render-se a Ele. Estas palavras resumem aquilo que significa ser um sacrifício vivo, o primeiro passo de um total comprometimento com o Senhor Jesus.

1.
Amor, que por amor desceste!
Amor, que por amor morreste!
Ah! quanta dor não padeceste,
Meu coração pra conquistar,
E meu amor ganhar!

2.
Amor, que com amor seguias!
A mim, que sem amor Tu vias!

---

[1] Em português, o hino (n° 27 da Harpa Cristã) chama-se *Amor que vence*. A adaptação foi feita por Henry Maxwell Wright.

Oh! quanto amor por mim sentias,
Meu Salvador, meu bom Jesus,
Sofrendo sobre a cruz!

3.
Amor, que tudo me perdoas!
Amor, que até mesmo abençoas!
Um réu de quem Te afeiçoas!
Por Ti vencido, ó Salvador,
Eis-me aos Teus pés, Senhor!

4.
Amor, que nunca, nunca mudas,
Que nos Teus braços me seguras,
Cercando-me de mil venturas!
Aceita agora, Salvador.
O meu humilde amor!

Que o Senhor possa ajudar cada leitor e leitora deste livro a responder ao Seu desafio à oração e à intercessão, e não a rejeitá-lo. Se você se considera incapaz de encontrar palavras que expressem seu comprometimento com o Senhor, por que não usa as palavras da última estrofe desse hino? Uma entrega assim ao Messias fará de você parte da Sua Noiva, da Nova Jerusalém. Você dará o primeiro passo de uma jornada que terá o seu fim no trono de Deus e na Sua glória. Com toda certeza você nunca se arrependerá!

CAPÍTULO **13**

ALGUMAS EXPERIÊNCIAS DE INTERCESSÃO

Eu gostaria de contar-lhes algumas experiências de intercessão do nosso grupo de Richmond, na Inglaterra. No princípio de agosto de 1951, eu e alguns outros dessa cidade estávamos com um profundo encargo pelo estado em que se encontravam as coisas. Nós sentíamos que, apesar de toda a grande parafernália evangélica que tínhamos ao nosso redor, não víamos de verdade as pessoas sendo tocadas pelo Senhor nem estávamos vendo alguma edificação real da obra.

Agora sei colocar em palavras aquilo que, naquela época, eu não conseguia expressar: Deus não tinha uma casa em Richmond. Havia abundância de crentes e de lugares evangélicos de adoração, mas parecia não haver uma casa para o Senhor.

Naquele tempo, o assunto do dia era o avivamento das Ilhas Hébridas. Havia duas senhoras idosas que tinham gasto seis meses em oração todas as noites, até que Deus, de maneira soberana, derramou Seu Espírito sobre as Ilhas Hébridas. E havia sete cavalheiros idosos no outro lado da ilha, sem que as duas irmãs o soubessem, que se reuniram uma vez por semana durante dois anos para uma longa reunião de oração em favor do mesmo mover do Espírito de Deus sobre aquelas ilhas. Todo mundo falava sobre aquilo, esperando que esse derramamento descesse até a Inglaterra, e que também pudéssemos ver algo acontecer.

Naquela mesma época eu tinha lido o livro *Lectures On Revival* (Palestras sobre avivamento), de Charles Finney. Se você quiser ser profundamente perturbado, leia essas palestras de Finney, e especialmente o capítulo sobre "Lavrar a terra de pousio"[2]. Quando li o livro, fiquei muito, mas muito perturbado; e junto

---

[2] Oseias 10.12 (N. do T.).

comigo havia sete outros irmãos que estavam com esse mesmo fardo. Nós conversávamos sobre isso, porém não sabíamos se esse encargo vinha de Deus ou se era apenas algo emocional, sujeito a influências externas, que não vinha da parte de Deus.

UM PACTO DE ORAÇÃO

Assim, fizemos um pacto para fazermos uma coisa extraordinária. Decidimos não falar sobre avivamento, não ler sobre o assunto, nem orar a respeito de avivamento, e isso por um mês. Se ao fim desse mês esse encargo ainda permanecesse em nós, saberíamos com certeza que era algo do Senhor. Se constatássemos que o encargo vinha mesmo da parte d'Ele, nós nos comprometeríamos a orar até que o Senhor fizesse alguma coisa. Durante o mês de agosto de 1951 não falamos sobre avivamento, nem lemos sobre o assunto e nem mesmo oramos por isso.

No fim daquele mês percebemos que o encargo dentro de nós estava mais intenso do que nunca. Era uma espécie de dor. Eu era apenas um jovem cristão, mas a única forma de descrever o que sentia é dizer que era uma dor incurável. Não havia como excluí-la do meu organismo. Ela estava ali, como uma angústia de espírito profunda, muito profunda.

No primeiro dia de setembro de 1951 começamos a orar; e oramos todas as noites de setembro, outubro, novembro e dezembro, até o Natal de 1951. Nossas reuniões de oração começavam um pouco depois das 19:00 e iam até as 22:00 ou 22:30. Nesse mesmo tempo ocorreu o mais severo nevoeiro que Londres jamais conheceu, no qual três mil pessoas morreram. Por dez dias nós não podíamos nem ver o outro da rua. A certa altura todo o transporte parou, e a situação ficou caótica. Mas isso nunca interferiu em nossas orações. Nós íamos a pé todas as noites para essas reuniões de oração. Às vezes, éramos apenas duas pessoas. Mas nunca foram menos do que dois e nunca apareceram mais do que oito pessoas; porém nós oramos todas as noites, sem exceção. Costumávamos orar no sábado à tarde, das catorze até as dezoito horas, de forma que pudéssemos participar da reunião dos jovens à noite. Nós conseguimos permissão para orar na igreja no domingo à noite, para que não houvesse nem facção nem divisão, e orávamos pelo culto da noite.

A coisa mais incrível é que nós sabíamos muito pouco a respeito de oração. Eu tinha aprendido algumas lições a respeito de intercessão no Egito e tinha visto uma multidão de pessoas salvas que Deus tinha posto no meu coração. Orar por elas custou-me tudo o que eu tinha. Contudo, eu nada sabia a respeito de intercessão corporativa.

UM ÚNICO ENCARGO DE ORAÇÃO

Era espantoso que tivéssemos um único encargo, e nunca nos afastamos dele. Não era como se orássemos pelo Nepal, ou pela China, ou pelo Japão, ou pela Austrália, ou pela América do Norte; orávamos apenas por Richmond e pelo Vale do Tâmisa. Orávamos noite após noite por aproximadamente três horas – nunca menos do que esse tempo –, e você sabe como é difícil orar por uma simples meia hora. Quando me lembro daquelas reuniões, ainda fico maravilhado com elas. Era como um sonho. Mas eu lembro que, quando começamos, não conseguíamos fazer outra coisa a não ser orar. Ao fim daquelas três horas era como se um tanque tivesse sido drenado de toda a sua água, e podíamos levantar-nos inteiramente aliviados. Mas na manhã seguinte, o tanque estava cheio outra vez. A sensação é de desconforto e de tristeza, como se você estivesse com alguma dor interna, e a única maneira de ver-se livre dela era por meio da oração.

Essa foi a minha primeira experiência de intercessão corporativa, mas era o Espírito de Deus que estava em nós, mantendo vivo aquele encargo. Nós oramos por clubes noturnos, por hospitais, por escolas, por universidades. Nós oramos por todos os diferentes lugares possíveis. É muito interessante que muitas dessas escolas que foram abençoadas eram objeto de nossas orações, noite após noite. É claro, não tínhamos ideia de que um dos clubes noturnos pelo qual oramos seria fechado pela polícia por causa de imoralidade, e que nos mudaríamos para lá e nos reuniríamos ali por todo um ano. Isso nunca nos passou pela cabeça enquanto estávamos orando.

Esses quatro meses de oração foram uma experiência inacreditável. Nós nos sentíamos como se estivéssemos em um fluir soberano de Deus. Você sabe como é difícil orar por meia hora por um mesmo assunto. E nós oramos literalmente por um só assunto, mirando todos os seus ângulos, por três horas cada dia até chegar o Natal de 1951. Dessas reuniões de oração surgiu o movimento Koinonia — o encontro interdenominacional de jovens em nossa cidade para esperar no Senhor. E foi ali que Deus nos encontrou e começou a fazer algumas coisas notáveis, e dessas reuniões surgiu toda esta obra.

O FARDO É REMOVIDO

Ora, o meu ponto é este: nós tínhamos feito uma aliança com o Senhor de que não pararíamos de orar enquanto não víssemos isto acontecer: os não salvos de Richmond voltando-se ao Senhor e o povo de Deus sendo renovado. Continuamos a orar em 1952 durante as primeiras três semanas de janeiro, mas o interessante é que o fardo foi removido, e não tínhamos mais como avançar. Não podíamos compreender o que estava acontecendo e nos sentimos muito mal porque tínhamos feito uma aliança com o Senhor de que oraríamos até que víssemos os dois fatos acontecerem. Mas nunca, mesmo em nossos momentos mais ardorosos, pensamos que o movimento Koinonia fosse uma resposta às nossas orações. Porém, porque o Espírito Santo estava no comando de tudo, sabíamos que não podíamos malhar em ferro frio. Percebemos que não seria bom apenas prosseguir nas orações noite após noite, uma vez que toda a unção tinha se afastado das reuniões. Assim, entregamos tudo ao Senhor e dissemos: "Senhor, deixamos tudo Contigo. Tu trarás isso de volta na hora certa".

Naqueles dias, de tempo em tempo, gastávamos algumas semanas em oração, e eram reuniões tremendas. Nessas semanas de oração nós realmente nos agarrávamos ao Senhor em favor dessa região; e sentíamos o mesmo fardo inicial outra vez – que Deus haveria de fazer alguma coisa. E sempre que recebíamos a mesma promessa, de que no fim Deus o faria, sentíamos que o fardo era removido. Essa foi a nossa experiência de intercessão corporativa.

DEZ ANOS DEPOIS, O MESMO ENCARGO

Para mim, é algo extraordinário que, exatamente uma década depois, em setembro de 1961, começamos a orar outra vez com exatamente esse mesmo encargo. Para orientar aquelas reuniões havia estudos sobre o livro de Joel e o reconhecimento de que a profecia citada pelo apóstolo Pedro no dia de Pentecostes não havia se esgotado naquela ocasião, mas nela estava incluída toda a era em que nos encontramos, até o fim de todas as coisas.

Fizemos estudos no livro de Jonas e levamos um choque ao descobrir que Deus estava tão interessado em Nínive como em Jerusalém e que Ele conhecia o povo de Nínive tão bem como o povo de Jerusalém. A partir disso, uma vez mais, vieram dois encargos. Um era que as pessoas não salvas fossem salvas em nossa região, e o segundo era que Deus fizesse algo novo em Seu povo por todo o país. De 1951 até 1961 Deus nos conduziu e vimos algumas verdades muito preciosas. Acima de tudo, experimentamos alguns caminhos muito notáveis do Senhor, mas éramos um grupo fechado – isolado dos outros.

Não havia quem conseguisse nem chegar perto de nós. Éramos o refugo de todos. Pertencíamos ao pior bairro de todos, o Honor Oak, e qualquer pessoa que estivesse associada a ele era completamente inaceitável. "Cuidado com eles. Estão com um tipo de infecção espiritual que pega nos outros e os destrói." Em consequência disso, por esses dez anos muito raramente alguém cruzou o bloqueio e se reuniu conosco, exceto aqueles dentre nós que Deus mesmo salvou.

Eu saí em agosto de 1961, e um querido irmão disse a todo o grupo naquela ocasião: "Vocês não acham que Deus está nos chamando para orar? E se

Ele nos está chamando para orar, estamos preparados para sacrificar tudo para podermos interceder?". E enquanto eu estava fora, eles decidiram: "Certo, nós vamos sacrificar tudo. Pararemos com todas as reuniões, menos com a mesa do Senhor e com a reunião de domingo à noite. Todas as outras reuniões serão reuniões de oração – segunda, terça, quarta, quinta, sexta e sábado. Vamos nos reunir todas as noites para orar e nos apegaremos ao Senhor, à medida que Ele nos capacitar, até que alguma coisa aconteça".

O ENCARGO SE ESTENDE A TODAS AS ILHAS BRITÂNICAS

O incrível foi que ninguém percebeu que se haviam passado dez anos desde o dia que tínhamos começado a orar. Foi só um mês depois que de repente percebemos que tínhamos voltado à mesma coisa de dez anos antes. Mas esta vez, em vez de orar apenas por Richmond e pelo Vale do Tâmisa, estávamos orando por todas as ilhas britânicas e mesmo além delas. Orávamos para que a casa de Deus fosse edificada em todas as ilhas britânicas e que nelas ocorresse uma renovação que lançasse o povo de Deus em um novo caminhar com Ele.

Passamos um ano inteiro sem um único estudo bíblico. O impressionante é que começamos a ver um bom número de pessoas serem salvas. Passamos ao segundo ano ainda sem nenhum estudo da Bíblia. Esse era agora o segundo ano sem um estudo da Palavra. Durante esses dois anos se converteram tantas pessoas que quase inconscientemente alguém disse: "Vocês não acham que eles precisam de ensino?". A única coisa que eles estavam recebendo era oração; e mesmo assim estavam crescendo maravilhosamente na oração; na verdade não havia ensino nenhum. Assim, voltamos a fazer o estudo bíblico de quinta-feira.

Tínhamos as reuniões de domingo e de quinta-feira, e em todas as outras noites havia reunião de oração. Com isso, algumas pessoas acharam que estávamos loucos. Os que não faziam parte do nosso grupo sempre pensaram que éramos loucos, mas até mesmo os participantes começaram a pensar que estávamos levando longe demais a questão da oração. Eu me lembro de pessoas dizendo: "Eu acho ridícula essa coisa toda de oração; isso está destruindo todo mundo. As pessoas estão todas exaustas. Para onde é que estamos indo? Não estamos conseguindo nada". Mas nós tínhamos um encargo no coração para que alguma coisa fosse feita, que alguma coisa resultaria daquilo tudo. Não havia como deixar esse encargo, e nós mesmos estávamos muito conscientes de tudo aquilo: "Será que estamos malhando ferro frio? Aqui estamos nós, dia após dia, dizendo sempre as mesmas coisas, agarrando-nos ao Senhor, e não temos como nos afastar disso".

UMA PALAVRA VEIO DA PARTE DO SENHOR

Eu me lembro muito bem daquela quarta-feira do terceiro ano. Era o menor grupo que já havia comparecido à reunião de oração – deveria haver, talvez, umas quinze pessoas no máximo. Ninguém da liderança estava na reunião. Mas essa quarta-feira foi incrível. Ah, foi um tempo de muita opressão! Talvez isso anime você, pois tantas vezes, quando percebemos que há opressão, pensamos que há algo errado, quando na realidade pode estar acontecendo algo muito certo. Quando há uma profunda opressão que sobrevém ao grupo, pode ser que você esteja bem pertinho de uma grande e verdadeira bênção.

Naquela noite, lembro-me de que estávamos profundamente deprimidos e eu estava pensando comigo mesmo: "Eu realmente penso que estamos malhando ferro frio. Vou conversar com os irmãos para ver se não devemos mesmo abandonar tudo isso. É mesmo algo muito idiota, somos apenas quinze".

De repente, foi como se todos nós estivéssemos olhando para dentro do céu – e essa é a única maneira de descrever o que aconteceu. À medida que olhávamos para dentro do céu, a coisa começou a ficar engraçada. Nós rimos. Tínhamos passado por um mau pedaço; e agora estávamos rindo, como se fôssemos bobos. De repente veio uma palavra da parte do Senhor: "Dentro de um ano, os muros desabarão". E isso foi confirmado de outras maneiras.

O ESPÍRITO FOI DERRAMADO

É claro, as pessoas pensaram que estávamos orando por aquele local. Contudo, não estávamos orando apenas por aquele local; estávamos orando por todo o país. E o mais interessante foi que um pouco depois ouvimos que na cidade de Cornwall o Espírito de Deus tinha sido derramado sobre um grupo de irmãos. Aquele foi o início em nosso país daquilo que tem sido chamado de movimento carismático.

Depois disso ouvimos relatos de todas essas pessoas falando em línguas e ficamos muito desconfiados com isso. Todos nós pensamos: "Não é por isso que estamos orando". Mas eu lembrei que, quando estávamos orando (e naquela ocasião eu achei essa oração tão maravilhosa!), um irmão disse: "Senhor, nós não nos importamos com o que Tu fazes; estamos preparados até para falar em línguas. Senhor, se Tu podes, faze alguma coisa com o Teu povo em todo lugar".

Eu me lembro disso muito claramente. Mas o incrível é que qualquer que fosse o nosso sentimento naquela época, as muralhas caíram; e pela graça de Deus elas nunca mais se ergueram. Até aquela data tínhamos sido um grupo isolado. Dali em diante nosso ministério como grupo estendeu-se aos confins deste país e, de muitas formas, por todo o mundo, porque Deus tinha começado a fazer algo irreversível. Não importa o que as pessoas digam a respeito do movimento carismático, ele trouxe milhares a uma nova experiência com o Senhor. As pessoas que estavam mortas, secas, ossos velhos, com as quais não se podia manter comunhão por nada neste mundo, de repente você queria conhecê-las e podia manter comunhão com elas. Elas estavam famintas por comunhão. Elas queriam comunhão; e começaram a conversar a respeito de estar no corpo de Cristo.

Eu me lembro da esposa de um famoso evangelista dizendo a um amigo comum: "Eu não consigo entender o Lance. Toda essa conversa a respeito do corpo é tão mesquinha. Quando estivermos no céu vendo a Jesus, isso tudo parecerá tão tolo e insignificante".

Mas a partir daí encontramos pessoas em todo lugar conversando a respeito do corpo, a respeito de estarmos no corpo de Cristo.

Naquela época, se você fizesse as reuniões nas casas, seria totalmente desconsiderado. Isso era algo que levava todos a desconfiarem de você. A partir de então, começamos a descobrir que em todo o país – em casas de fazenda, em casas normais, em cabanas, em casas grandes e bonitas – as pessoas se reuniam para adorar ao Senhor, para estudar a Palavra, para buscar a Deus em oração. Eu não estou dizendo que não houvesse grandes defeitos, e excessos, e falhas, e outras coisas mais, mas o fato é que Deus estava fazendo algo que era irreversível.

Não esqueça nunca que foram quatro anos de oração. Durante o último ano nós gastamos todas as noites louvando ao Senhor. Eu não estou dizendo que foi difícil louvar ao Senhor, mas louvávamos ao Senhor pelo fato de que os muros tinham sido derrubados, e isso parecia algo tão bobo. Mas o Senhor tinha dito isso, e por essa razão nós dissemos: "Nós vamos louvá-lO; não vamos orar mais. Já gastamos três anos em oração, agora vamos louvar ao Senhor".

O MINISTÉRIO OCULTO

Precisamos ser muito cautelosos para não perdermos aquilo que Deus já nos concedeu nesse assunto. A intercessão é o mais oculto de todos os ministérios. Pela sua própria natureza, a renúncia da vida não é algo que pode ser trombeteado; isso é algo que ocorre no interior da pessoa ou de um grupo todo. Em grande parte, isso é algo oculto. São poucas as pessoas que estão preparadas para entrar em um ministério de intercessão.

Eu creio que, com todas as nossas falhas nesta parte da família de Deus, Ele tem nos ensinado algo a respeito da intercessão que tem sido, se posso dizê-lo desta forma, incrivelmente precioso para o Senhor. Creio também que é algo que o diabo detesta, e ele trabalhará incessantemente, à medida que crescermos e nos tornarmos mais conhecidos e formos mais procurados, para destruir e debilitar esse ministério.

Precisamos ouvir o clamor de Deus: "Busquei entre eles um homem que tapasse o muro e se colocasse na brecha perante mim, a favor desta terra, para que eu não a destruísse; mas a ninguém achei. Por isso, eu derramei sobre eles a minha indignação".

Para esse tipo de intercessão, que é gerada pelo Espírito Santo, não existe alternativa senão tornar-se um sacrifício vivo. Não há outra possibilidade. O desafio estende-se a todos nós.

CONHEÇA OS ASSUNTOS DOS VOLUMES DESTA OBRA

Volume 1
    1- Características da oração corporativa
    2- Um princípio fundamental na oração corporativa
    3- Maus hábitos que destroem a oração corporativa
    4- A direção do Espírito

Volume 2
    5- Vigiar e orar
    6- A manifestação do Espírito
    7- O lugar da Palavra na oração corporativa

Volume 3
    8- Realizar a vontade de Deus na oração
    9- Impedimentos à oração
    10- O mistério da intercessão

Volume 4
    11- O chamado à intercessão
    12- O desafio e o custo da intercessão corporativa
    13 - Algumas experiências de intercessão